KB135256

국제개발협력
'ODA 연수' 전문가 되기

'ODA 외국인 연수전문가'의 생생한 현장 이야기

국제개발협력
'ODA 연수' 전문가 되기

이성희 지음

2016년부터 7년 동안 ODA 사업으로 외국인 연수 업무를 하게 된 것은 큰 영광이었고 기쁨이었다. 연수를 준비하는 과정은 힘들고 어렵지만, 막상 연수기간에 연수생들이 만족하는 모습을 보면 더 큰 보람을 느낀다. 연수생들과 서로의 마음을 나누는 것도 큰 기쁨이 된다.

연수 업무를 식당과 숙소를 예약해 주는 정도로 단순한 일로 생각할 수도 있다. 그리고 강사만 섭외하면 알아서 잘 진행될 것이라 쉽게 생각할 수 있다. 그러나 연수를 하면 할수록 전문성이 필요한 일이라고 생각되었다. '연수 전문가'로 인정받기를 원했고, 그렇게 되려면 연수 담당자들의 전문성을 키우는 것이 중요하다고 생각했다.

너무 감사하게도 연수업무를 하면서 다양한 연수 과정을 담당하였다. 초청연수, 현지연수, 온라인연수부터, 단일국가와 다국가 연수, 국내와 해외에서 강사까지 소중한 경험을 하였다. 이것을 혼자만의 경험으로 가지고 있기에는 너무나 아까웠고, 이 경험을 누군가에게 나누고 싶다는 생각, 나눠야 한다는 사명감마저 들었다.

코이카 글로벌연수사업(이하 코이카 연수)을 비롯하여 다양한 사업연수까지 많은 연수가 시행되고 있다. 이와 관련된 연수 시행기관(이하 연수기관)과 연수 시행기관 담당자(이하 연수 담당자)들이 있고, 앞으로 새롭게 시작하는 기관과 담당자들이 있을 것이다. 이분들이 좀 더 효과적인 연수를 진행하는 데 도움이 되는 책을 쓰고 싶었다.

연수를 준비하고 진행하는 데 필요한 정보들을 정리할 뿐만 아니라, 연수 담당자로서 담당했던 연수 과정에서 배우고 느꼈던 생생한 경험을 기록하였다. 본 책이 연수와 관련된 많은 분들에게 연수 업무를 시행하고, '연수 전문가'로 발전하는 데 도움이 되었으면 좋겠다.

이 시각에도 한국에서 해외에서 열악한 여건 속에서 사명감 하나로 국제개발협력을 위해 애쓰시는 모든 분에게 존경의 마음을 표한다. 그리고, 새롭게 국제개발협력 분야에서 일하기 희망하는 분들에게 격려와 응원의 마음을 전한다.

2024
경기도 안산
공사 인재개발원 국제교육교류센터에서

용어

ODA: 공적개발원조(Official Development Assistance)

KOICA: 한국국제협력단(Korea International Cooperation Agency)

EDCF: 대외경제협력기금(Economic Development Cooperation Fund)

PMC: 사업수행기관(Project Management Consultant)

DAC: OECD에 설립한 개발원조위원회(Development Assistance Committee)

CPS: 국가협력전략(Country Partnership Strategy)

CP: 국가지원계획(Country Plan)

PCP: 사업 제안서(Project Concept Paper)

연수시행기관: 연수사업을 실행하는 기관

연수지원기관: 연수사업을 지원하는 기관으로 코이카에서는 코웍스가 담당함

코이카 글로벌연수사업: 코이카 ODA 예산으로 실시하는 연수사업

사업연수: 코이카 국별협력사업, EDCF 차관사업 등으로 시행하는 연수

공여국: ODA 사업을 제공하는 국가

수원국: ODA 사업의 혜택을 보는 국가

수원기관: ODA 사업의 혜택을 보는 기관으로 연수생이 소속된 기관을 말함

수원총괄기관: ODA 사업을 총괄하는 수원국의 정부기관으로 국가마다 총괄 기관이 다름

과정안내서(CI, Course Information)**:** 연수내용, 연수생 선발조건 등을 안내하는 자료

국별보고(CR, Country Report)**:** 국가별 현황, 문제점 등을 연수생이 작성하는 보고서

액션플랜(AP, Action Plan)**:** 국가별 문제를 해결하기 위한 사업, 정책 등을 작성하는 것

초청연수: 한국에 연수생을 초청하여 연수를 실행하는 것

현지연수: 한국 연수기관(연수담당자, 강사)이 수원국에 직접 가서 연수를 실행하는 것

온라인연수: 온라인으로 연수를 실행하는 것

씨앗온(CIAT-ON)**:** 코이카에서 자체 개발한 온라인연수 플랫폼

중점협력국가: 정부의 국가협력전략(CPS)에서 매년 5년마다 지정 운영하는 ODA 중점협력국

목 차

들어가며   5

용어   7

| 제1편 |

ODA 연수 전문가 되기

제1장 ODA 연수란 무엇인가   16

1. 연수에 관한 책을 쓰는 이유   17

    누가 읽어야 할까?

2. 연수는 왜 하는가?   21

    목적, 성과는 무엇인가?

3. 연수는 무엇인가?   25

    연수, 교육훈련, 국제교육, 역량강화, 지식공유

4. 연수 참석자는 누구인가?   28

    연수생, 교육생, 참석자

5. 연수 담당자는 누구인가?   30

    연수 담당자, 교육 담당자, 가이드

　　5.1. 연수 담당자의 역할　　　　　　　　　30

　　5.2. 연수 담당자의 자격　　　　　　　　　33

　6. 연수기관의 역할은 무엇인가?　　　　　　　39

　　　코이카, 연수지원기관, 수원총괄기관, 수원기관

제2장 연수의 탄생　　　　　　　　　　　　　45

　1. 우리나라 연수 현황　　　　　　　　　　　46

　2. 연수의 종류에는 무엇이 있나?　　　　　　48

　3. 연수는 어떻게 만들어지는가?　　　　　　53

　4. 연수 시행기관은 어떻게 선정하나?　　　　56

　5. 연수는 어떻게 설계할까?　　　　　　　　60

　　5.1. 연수형태　　　　　　　　　　　　　60

　　5.2. 연수인원　　　　　　　　　　　　　62

　　5.3. 연수대상자　　　　　　　　　　　　63

　　5.4. 연수내용　　　　　　　　　　　　　65

　　5.5. 연수기간　　　　　　　　　　　　　66

제3장 초청연수　　　　　　　　　　　　　　67

　1. 연수시기 협의　　　　　　　　　　　　　70

　2. 과정안내서(CI, Course Information)　　　　72

　3. 연수 기획회의, 강사 워크숍　　　　　　　74

　4. 연수계획서, 예산내역서, 약정체결　　　　76

　　4.1. 코이카 글로벌연수사업　　　　　　　76

　　4.2. 그 외 사업연수　　　　　　　　　　78

　5. 연수생 선발　　　　　　　　　　　　　　80

6. 국별보고, 액션플랜(또는 PCP) 85

 6.1. 국별보고(CR, Country Report) 87

 6.2. 액션플랜(AP, Action Plan) 90

7. 강의, 현장학습 98

 7.1. 강의 98

 7.2. 현장학습 100

 7.3. 실습 102

8. 숙소, 식당, 버스, 항공 105

 8.1. 숙소 105

 8.2. 식당 106

 8.3. 버스 108

 8.4. 비자, 항공권, 공항, 보험 110

9. 통·번역사 114

10. 문화탐방, 가이드 116

11. 홈비지팅 121

12. 토론회(연수생, 전문가) 123

13. 홍보, 모니터링, 성과지표, 평가회의 126

 13.1. 홍보 126

 13.2. 모니터링 127

 13.3. 성과지표 128

 13.4. 평가회의 130

14. 결과보고, 정산 132

15. 연수 성과관리, 사후관리 133

 15.1. 성과관리 133

   15.2. 사후관리   135

제4장 현지연수   **140**

  1. 초청연수와 무엇이 다른가?   141

  2. 일정수립   143

  3. 연수진행   144

    3.1. 개강식   144

    3.2. 강의, 국별보고, 액션플랜   144

    3.3. 현장견학   145

    3.4. 수료식   147

제5장 온라인연수   **148**

  1. 비대면연수(온라인연수)의 시작   149

  2. 대면연수와 무엇이 다른가(장단점)   151

  3. 연수구성   154

    3.1. 연수일정   154

    3.2. 연수장소   156

    3.3. 강사섭외   158

    3.4. 사전 OT   159

  4. 강의 녹화촬영, 실시간 세션   161

    4.1. 강의 녹화촬영   161

    4.2. 현장학습 촬영   162

    4.3. 실시간 세션   163

  5. 통·번역   166

    5.1. 강의녹화 번역   166

    5.2. 실시간 세션 통역   168

6. 온라인 플랫폼 세팅   171

  6.1. 구글 클래스룸   171

  6.2. 씨앗온(CIAT-ON)   172

| 제2편 |

연수를 통해 세계를 만나다
(내가 경험한 연수)

제1장 한국에서 만나다(초청연수)   **181**

1. 비극을 극복한 르완다   182

  르완다 관개 및 농지개발 유지관리 역량강화(2017년, 2018년)

2. 위기의 아름다운 남태평양 국가   187

  PIC(태평양 섬 국가) 수자원개발 및 관리(7개국)(2017년)

3. 오랜 친구가 되어 준 인도네시아   190

  인도네시아 수도권통합 해안종합개발(고위급, 실무급)(2017년, 2018년)

4. 너무 어려운 인턴십   196

  한경대학교 농촌개발 역량강화 인턴십(10개국)(2018년)

5. 의구심을 해소한 탄자니아 연수생   200

  탄자니아 잔지바르 관개시설 건설사업 초청연수(2022년)

6. 열정적인 알제리   204

  알제리 태양광 발전 시스템 전문가 양성(2023년)

7. 지구 반대편 갈라파고스에서 오다   210

  에콰도르 태양광 발전소 유지관리 역량강화(2023년)

8. 지한파 캄보디아 차관   214

    캄보디아 농업용수 및 농업생산기반시설 운영관리 역량강화(2023년)

9. 네팔을 사랑한 한국인   218

    네팔 수자원관리 정보화사업연수(2023년)

10. 인도네시아 연수생의 뜨거운 눈물   221

    인도네시아 농업용수 및 농업생산기반시설 운영관리 역량강화(2023년)

11. 친근했던 에티오피아 장관 연수생   225

    에티오피아 지하수개발 및 농촌개발 사업연수(고위급)(2023년)

제2장 현지에서 만나다(현지연수)   **229**

1. 내 인생의 첫 연수   230

    캄보디아 농촌개발 분야 역량강화 전략(2016년)

2. 태국에서의 남남협력   235

    태국 TICA 지속가능한 농촌개발 공동연수(2017년)

3. 검은색은 아름답다   239

    수단 AARDO(아프리카아시아농촌개발기구) 연수기관 협의회(2017년)

4. 차 한잔의 의미   243

    인도네시아 수도권통합 해안종합개발(NCICD) 연수성과 워크숍(2017년)

5. 인도네시아에서 다시 만난 연수생   246

    인도네시아 수도권통합 해안종합개발(2019년)

6. 잠재력이 많은 에티오피아   250

    에티오피아 낙농업 역량강화(2023년)

제3장 온라인으로 만나다(온라인연수)   **258**

1. 너무 고마운 카메룬 코디네이터   259

    카메룬 농촌지역 경제사회적 발전을 위한 지역지도자 역량강화(2021년, 2022년)

2. 궁금한 게 너무 많은 알제리   263

알제리 태양광 발전 시스템 전문가 양성(2021년, 2022년)

3. 가장 멀리에서 만나는 갈라파고스   268

에콰도르 태양광 발전소 유지관리 역량강화(2021년, 2022년)

4. 연수에 진심을 다하다   271

네팔 홍수 조기경보시스템 개발 역량강화(2023년)

제4장 연수생으로 만나다   **275**

1. 인도에서 배울 게 있을까   276

인도 AARDO(아프리카아시아농촌개발기구) 수자원연수(2014년)

2. 미지의 나라 파키스탄   282

파키스탄 AARDO(아프리카아시아농촌개발기구) 수자원연수(2018년)

제5장 강사로 만나다   **288**

마무리하며   296

감사의 글   298

참고문헌   301

제1편

ODA 연수
전문가 되기

제1장

ODA 연수란 무엇인가

1. 연수에 관한 책을 쓰는 이유

누가 읽어야 할까?

우리나라 ODA 사업 역사에서 1963년 개도국 공무원을 한국에 초청하여 교육을 시킨 것이 공여국(원조를 주는 국가)으로서의 최초 사업이다. 코로나 19로 잠시 주춤하였으나, 코이카 '글로벌연수사업'으로 매년 평균 200개가 넘는(23년 계획기준, 228개) 개도국 공무원 대상 ODA 외국인 연수가 이루어지고 있다.

글로벌연수사업 이외에도, EDCF 차관사업(유상원조), 코이카 국별협력사업(무상원조) 등 많은 ODA 사업에 '역량강화'로 시행되는 초청연수가 있다. 이를 포함하면, 매년 1,000개가 넘는 ODA 외국인 연수가 시행되고 있다. 1개의 연수 과정에 최소 2명이 연수 담당자로 일한다고 보면, 매년 2천 명이 연수사업에 관련된 일을 하는 셈이다. 그 외에도 강사, 통·번역사 등 수많은 관계자가 있다.

이렇게 많은 외국인 연수가 시행되고 있으나, 코이카 『글로벌연수사업 길라잡이』와 같은 지침서 이외에는 ODA 외국인 연수가 무엇이고, 어떻게 시행해야 하는지에 대한 정보를 얻는 것이 힘든 상황이다.

| 국제개발협력 입문편 | 코이카 글로벌연수사업 길라잡이 |

코이카 글로벌연수사업은 매년 공모를 통해서 연수 시행기관을 선정하고 있으나, EDCF 차관사업 또는 코이카 프로젝트를 수행하는 PMC(사업관리기관, Project Management Consultant)는 연수를 직접 수행하거나, 외부 기관에 위탁을 맡겨서 연수를 수행한다.

그러나, 실제 연수사업에 참여하거나 시행 경험이 있는 기관은 많지 않고, 있더라도 전담조직과 인력이 없거나, 잦은 인사이동 등으로 인하여 연수의 경험과 노하우가 축적되거나 전수되기 힘든 상황이다. 막상 연수사업을 처음 하려는 기관, 기업, 단체나 담당자들은 누구에게 물어

봐야 할지 막막할 수밖에 없다.

연수기관에 따라 1년에 1~2개 정도만 시행하는 경우 연수업무를 보조업무로 하는 경우가 많아 연수 담당자의 전문성을 기대하기가 어려운 실정이다. 또한, 연수업무가 외국인 공무원을 대상으로 한국의 개발 정책, 제도를 주로 전달하기 때문에 민간기관보다는 정부, 공공기관에서 수행하는 것이 더 효과적이다. 그러나 정부, 공공기관에서 연수를 위한 전담조직을 만들고, 전담 인력을 배치하기 쉽지 않다.

또한, 해당 기관 또는 기관장의 의지에 따라 해외사업이 활성화되면 연수업무도 활발해지지만 반대로 해외사업이 축소되는 경우 연수업무도 위축되기도 한다. 대부분 공공기관에서 외국인 연수는 비중이 작고 각광받는 업무가 아니기 때문에 담당자들의 열정과 사명감 없이는 유지되기 어렵다.

다행히 한국농어촌공사에서는 1967년부터 해외사업을 시작하였고, 1976년부터 외국인 연수업무를 수행해 오다가, 2017년 국제교육교류센터라는 정규조직을 만들고 2018년 경기도 안산에 연수 시설(대강당, 강의실, 숙소, 식당 등)을 준공하였다. 공사에서 ODA 외국인 연수에 대한 지속적인 지원이 있어, 현재까지 국내에서 전문성이 있는 대표적인 연수 시행기관으로서 인정받게 되었다.(누적 연수생 4.7천명, 2023년 기준)

너무 감사하게도 개인적으로 2016년부터 연수 담당자로 일할 좋은 기회를 얻게 되면서, 기관 또는 개인적으로 경험하고 축적한 연수업무에 대하여 나누면 좋겠다는 생각을 하였다. 이 책을 통하여 코이카를 비롯하여 다양한 연수업무를 수행하고 있거나, 하고자 하는 기관의 담당자들 그리고 개인적으로 외국인 연수에 관심이 있는 학생, 일반인들이 연수업무를 이해하고 ODA 연수 전문가로 성장하기를 바란다.

또한, 코이카에서 ODA에 대하여 이해할 수 있는 『국제개발협력 (입문편, 심화편)』을 도서로 발간하였고, 연수사업실에서 제공하는 『글로벌 연수사업 길라잡이』라는 지침서가 있다. 코이카 홈페이지에서 '글로벌 연수사업' 소개(관련자료 다운로드 가능)와 유튜브 채널(KOICA CIAT TV)을 통해 관련 정보를 얻을 수 있다. 그것과 함께 연수업무 담당자로서의 실질적인 경험을 바탕으로 만든 이 책을 통해 연수업무를 쉽게 이해하는 데 도움이 되기 바란다.

코이카 연수사업실 유튜브 채널 / KOICA CIAT TV

국제개발협력 'ODA 연수' 전문가 되기

2. 연수는 왜 하는가?

목적, 성과는 무엇인가?

ODA 연수는 무엇이고, 왜 하는 것이고, 목적이 무엇인가? ODA 연수 중 가장 대표적인 초청연수는 '개도국 공무원을 한국에 초청하여, 한국의 발전 경험과 노하우를 배우게 함으로써, 개도국 발전에 기여하도록 하는 것'이다. 그러나, 한국 정부, 수원국 정부 입장에 따라 연수에 대한 목적은 다를 것이다.

◆ 한국 정부는 왜 ODA 연수사업을 하는 것인가?

한국은 세계적으로 드물게 ODA 원조를 받던 국가(수원국)에서, 원조를 주는 국가(공여국)로 탈바꿈한 국가이다. 원조를 통해 국가발전을 이루어 내고 선진국이 된 국가로서 국제사회 발전에 기여할 책임이 있으므로 ODA 사업을 시작하였고 국제적 요구에 맞도록 매년 ODA 사업 규모를 늘려 가고 있다. 외국인 연수도 ODA 사업의 유형 중 하나로서, 가장 쉽게 확대해 갈 수 있다.

이러한 책임의식 이외에 개도국 공무원이 한국 초청연수에 참여함으로써 한국에 우호적인 지한파(친한파)가 될 수 있다. 이는 국제사회에서 한국의 위상을 높이고, 한국의 경제적 · 사회적 이익을 높이는 데 기여하게 된다. 연수참여 당시에는 실무급 공무원이었지만, 향후 승진하여 국가 정책을 정할 수 있는 고위급(장 · 차관급) 공무원이 되어 한국에 도움이 되는 역할을 해 줄 수 있다.

또한, 한국기업이 해외 진출을 하고자 할 때 이런 지한파(친한파) 인사들의 도움을 받을 수 있으므로 국제적 위상 강화라는 무형적인 효과뿐만 아니라 실질적인 경제적 효과도 기대할 수 있다. 코이카 연수생으로 구성된 동창회 회원이 57개국 9.7만 명(2022년 기준)이고, 연수생 중에는 부통령, 장·차관이 된 사람도 있다고 하니 그 영향력은 커질 것이다.

우리나라도 먹고살기 힘든 국민이 있는데, 왜 우리가 남의 나라를 도와줘야 하느냐는 근본적인 질문을 받을 때가 많다. 정부가 내세우는 이유 중 하나가 바로 선진국의 위상에 걸맞은 국제사회에 대한 책임이고, 다음이 바로 한국기업의 해외 진출 확대를 통한 경제적 이득이다. 국민에게도 혜택이 돌아갈 수 있다는 것이다.

한편, EDCF 차관사업, 코이카 무상원조사업, 중앙정부의 ODA 사업을 수행하고 있는 PMC(사업관리기관)는 사업종료 후 사업의 성과가 지속될 수 있도록, 현지 공무원을 대상으로 한 역량강화를 해야 한다. 또한, 해외사업을 원활하게 수행하기 위해서는 현지 사업담당 공무원과의 긴밀한 협력관계가 중요한데, 한국 초청연수를 통해서 사업담당 공무원과의 유대관계를 돈독하게 할 수 있다. 또한, 한국의 발전된 모습을 보면서 왜 현지에서 이런 사업이 필요한지 더 잘 이해할 수 있고, 한국과 PMC업체의 기술력에 대한 믿음을 갖게 하는 장점이 있다.

◆　개도국에서는 왜 한국 정부의 연수사업에 참여하고자 하는가?

한국은 1960년대 이후 1인당 100달러 수준의 빈곤 국가에서 2023년 기준 35천 달러 수준의 세계 10대 경제 대국으로 발전하였다. 이러한 우리의 발전 경험과 노하우를 배우고 싶어 하는 수요가 높다. 그리고 반세기 만에 빠르게 발전하는 과정에 직접 참여했던 정책입안자, 기술자들의 생생한 경험과 노하우, 살아 있는 현장을 가지고 있는 국가이다. 실제로 한국에는 1970년대부터 지금까지 한국 발전의 과정을 직접 경험한 분들이 강사로 활동하는 경우가 많이 있다. 이것이 다른 선진국들에서 얻을 수 없는 한국만이 가지고 있는 특징이고 그래서 개도국에서는 공무원을 한국에 보내서 배우려고 한다.

◆　연수생들은 왜 한국에 오고 싶어 하는가?

당연히 연수 분야에 대한 한국의 선진 정책과 기술을 배우고 싶어 하는 마음이 제일 크다. 부수적으로 한국에 관한 관심과 동경심을 가지고 오시는 분들이 많이 있다. 연수생 중에서 최근 K-음악, K-드라마, 영화 등 다양한 문화 콘텐츠를 통하여 한국 문화를 접하고, 한국 제품(핸드폰, 자동차, 가전)을 사용해 본 경험이 있는 분들이 많이 있어 한국에 오고 싶어 한다.

또한, 연수 분야별로 전문적인 지식을 배우는 부분도 있지만, 한국에 머무는 기간 동안 문화탐방을 통해 한국 역사문화를 이해하고, 한국의 인프라(도로, 교통, 수자원 등), 한국의 사회시스템 등 연수 분야 이외에 다양한 분야에서 식견(인사이트)을 넓힐 기회가 될 수 있다. 한국의 발전을 모델 삼아 개도국의 발전에 대한 다양한 아이디어를 얻을 수 있고, 공무원으로서의 책임감과 사명감을 느끼는 기회가 될 수도 있다. 이런 식견과 감흥을 얻는 것이 연수를 통해 지식을 얻는 것보다 더 큰 의미가 있을 수 있다.

우리가 선진국으로 유학을 가거나 여행을 가면, 단순히 전공 분야에 관한 공부나 여행지에 대한 정보만을 얻는 것이 아니라, 그 국가 전체적인 시스템을 이해하고 배우고, 우리나라도 이렇게 발전되면 좋겠다, 나도 국가발전을 위해 기여해야겠다는 사명감을 느끼는 것과 같은 것이다.

2023년 우간다 초청연수

국제개발협력 'ODA 연수' 전문가 되기

3. 연수는 무엇인가?

연수, 교육훈련, 국제교육, 역량강화, 지식공유

ODA 연수업무를 하면서 매번 느끼는 것이지만 우리가 하는 일의 성격을 규정하고 어떻게 불러야 하나 고민스러울 때가 많다.

코이카에서는 '글로벌연수사업'이라는 이름으로 '개발도상국의 경제 사회발전을 이끌어갈 인재를 양성하기 위하여 개도국 공무원, 기술자, 연구원, 정책결정자 등을 대상으로 실시하는 국가대표 인적자원개발 (HRD) 사업'(코이카 홈페이지)으로 규정하고 있다. 코이카 이외에 중앙부 처에서도 다양한 연수를 하고 있는데, 국무조정실 산하 국제개발협력위 원회에서는 ODA 사업 구분 시 '연수사업'으로 분류하고 있다.

글로벌연수사업

연수사업 '씨앗(CIAT)'은 개발도상국의 경제사회발전을 이끌어갈 인재를 양성하기 위하여 개도국 공무원, 기술자, 연구원, 정책결정자 등을 대상으로 실시하는 국가대표 인적자원개발(HRD) 사업입니다.

사업 개요

연수사업 '씨앗(CIAT)'은 개발도상국의 경제사회발전을 이끌어갈 인재를 양성하기 위하여 개도국 공무원, 기술자, 연구원, 정책결정자들을 대상으로 실시하는 국가대표 인적자원개발(HRD) 사업입니다.

KOICA 글로벌연수사업 브랜드 '씨앗(CIAT: Capacity Improvement & Advancement for Tomorrow)'이란?

씨앗은 작지만 큰 나무로 자라나는 무궁한 성장가능성을 지니고 있습니다. KOICA 는 글로벌연수사업이 연수참여국의 경제사회발전에 지지만 큰 가능성을 품은 '씨앗'과 같은 역할을 하길 바라는 마음을 담아 브랜드 '씨앗(CIAT)'을 출범하였습니다.

CIAT(씨앗)은 Capacity Improvement & Advancement for Tomorrow의 약자로, 더 나은 미래를 위한 역량개발 (Capacity Development)이라는 의미를 담고 있으며, 개인차원의 역량개발을 넘어 조직 및 제도적 역량강화를 위해 노력하고 있습니다.

코이카 글로벌연수사업 / 코이카 홈페이지 www.koica.go.kr

정부에서 지칭하는 연수사업은 아래와 같이 코이카와 중앙부처에서 시행하는 '연수사업'을 의미한다. 그러나, '연수사업' 이외에도 각종 유무상 프로젝트(사업)에 '역량강화'로 포함된 '사업연수'까지 포함하면 ODA 사업에서 시행하는 연수는 생각보다 많다. 이들 전체를 포괄하여 'ODA 외국인 연수'라고 구분하는 게 타당할 것이다. 다만, 이 책에서는 'ODA 연수'로 줄여서 표현하였다. 이러한 연수를 전문적으로 담당하는 사람을 'ODA 연수 전문가'로 부르고자 한다.

그러나 일반 국민들은 '외국인 연수'라고 하면 1991년부터 외국인 근로자들이 한국에 들어오는 산업연수생을 위한 교육으로 오해하기도 한다.

영문으로는, 코이카에서 Capacity building(역량강화)이란 용어를 사용하고 있고, 일반적으로는 Training(교육훈련), Knowledge sharing(지식공유)이란 표현도 사용하고 있다. 개인적으로는 수원국에서 개도국에 일방적으로 가르친다는 느낌이 아닌, Knowledge sharing(지식공유)이란 용어가 더 좋게 느껴진다.

ODA 외국인 연수라는 것이 단순히 외국 공무원이 한국에 해외여행을 오는 정도로 보는 것이 아니라, '국제교육'이라는 전문성이 있는 분야로 인정받기를 바란다. ODA 외국인 연수를 무엇이라 부르든지 연수담당자들도 'ODA 연수 전문가'로 인정받기 위해서는 전문성을 키우기 위한 노력를 해야 한다.

연수사업의 종류

구분	무상원조		유상원조	비고
	연수사업	사업연수		
의미	연수 자체가 목적	프로젝트(사업)에 포함된 연수		
ODA 연수	1) 코이카 글로벌연수사업	3) 코이카 국별협력 사업의 역량강화 (연수)	5) EDCF 차관사업 등의 역량강화 (연수)	
	2) 중앙부처 등 연수사업 (국제기구 위탁 포함)	4) 중앙부처 등 ODA 사업의 역량강화 (연수)		

출처: 자자 편집

4. 연수 참석자는 누구인가?

연수생, 교육생, 참석자

다음으로 고민스러운 것이, 외국인 연수에 참석하고 있는 외국인 참석자를 무엇이라고 부를 것이냐이다.

한글로 '연수생'이라고 부르고, 영어로는 Participants(참석자), Trainee(교육생)라고 부르고 있지만, 참석자들이 개도국 정부의 공무원들이고 국장급 이상 고위급이 참석하는 때도 많이 있어서, 단순히 연수생, 교육생이라고 부르기가 참 모호하다. 앞서 언급했던 산업연수생과 혼동되는 부분도 있고, 참가자들의 사회적 지위를 생각할 때 연수생이라는 표현이 너무 낮게 부르는 것 같다.

실제 호텔, 식당, 견학지 등 섭외를 할 때는, 단순히 연수생이라는 표현보다는 '한국 정부 초청으로 연수에 참석하러 온 개도국 공무원'이라고 길게 설명하며 외국인 연수에 대하여 모르는 일반인들이 오해하지 않도록 말할 때가 많이 있다.

그러나 아쉽게도 '연수생'이라는 단어 이외에 대체할 말이 없는 것 같다. 따라서 이 책에서도 '연수생'이라고 표현하였다. 연수 참가자들을 어떻게 부르더라도 연수 담당자로서 그분들을 존중하는 자세는 중요하다.

그 국가에서 사회적 지위가 있고, 지금은 실무급이라 하더라도 정부 정책을 이끌어 가는 책임자가 될 수 있는 중요한 사람들이다. 참석자들의 지원서를 보면, 의외로 해외에서 유학(석박사 학위)했거나 선진국(미국, 유럽 등)의 다양한 연수 과정에 참여한 경험이 있는 분들이 많았다. 어느 나라의 연수 프로그램이 더 좋은지 비교할 정도이다. 국가의 경제적 발전이 늦고, 경제 발전에 대한 경험이 부족한 것이지 '연수생'이라고 해서 개인의 능력까지 뒤떨어졌다고 단정해서는 안 된다.

5. 연수 담당자는 누구인가?

연수 담당자, 교육 담당자, 가이드

5.1. 연수 담당자의 역할

연수업무를 담당하는 우리의 정체성은 무엇인가 혼란스러울 때가 많다. 연수생들과 같이 다니다 보면 '여행사 가이드'로 오해받는 경우도 많이 있다. 그러나 담당자들은 가이드가 아닌 '연수 전문가'라는 것을 인식하면 좋겠다.

코이카 등 연수사업 발주기관의 담당 직원은 **'연수 행정가'**라고 할 수 있다. 연수 과정을 발굴하여 예산을 확보하고, 연수 시행기관을 선정한 뒤 연수계획서와 예산안을 받아서 최종적으로 약정체결(계약체결)을 한다. 연수 종료 후 결과를 보고받고, 사업비 정산 및 사후 성과평가를 시행한다.

연수 시행기관은 연수를 직접 시행하는 기관으로서, 연수 담당자는 연수사업에 대한 행정 처리(계획서 및 예산안 제출, 약정체결, 결과 보고 및 정산)를 수행하는 **'연수 행정가'**, 연수 과정의 모듈(강의, 견학)을 구성하고 강사진과 견학지를 섭외하는 **'교육 담당자'**, 연수생의 숙박, 식당, 교통, 문화탐방 등을 예약하고 인솔하는 **'가이드'**, 때에 따라서는 직접 강의를 하는 **'강사'**가 되기도 한다. 그리고, 연수사업을 발굴하고, 연수성과의 사업화 방안을 모색하는 **'국제개발 전문가'**가 되기도 한다. 이처럼 연수를 하면서 연수 담당자는 많은 역할을 하게 된다.

국제개발협력 'ODA 연수' 전문가 되기

연수 시행기관 담당자의 역할 중에서 코이카 및 연수지원기관(코웍스) 직원과 가장 다른 것은, 연수 담당자는 연수 현장(field)이라는 운동장에서 직접 뛰는 'Player'라는 것이다. 또한, 성공적인 결과를 만들기 위해 전략을 짜는 'Coach'가 되기도 한다. 필드(field)에서 연수생들과 함께 호흡하면서 연수의 성과를 달성하는('Goal'을 넣는) 기쁨을 직접 느낄 수 있다. 좋은 연수를 위해 각자의 자리에서 수고해 주시는 많은 분들이 있지만, 연수 담당자만이 누릴 수 있는 기쁨과 보람이 있다.

연수 담당자는 **교향악단의 '지휘자'**와 같은 역할을 해야 한다. 아무리 최고의 악기 연주자(강사)들을 한자리에 불러 모아도, 서로 화음이 맞지 않으면 아름다운 음악이 나올 수 없다. 이때 중요한 것이 '지휘자'의 역할이다. 연주자들의 박자, 강약을 조율하여 아름다운 하모니가 나오도록 하는 것이다. 이처럼 연수 과정에 분야별 전문가를 강사로 초빙하더라도 강사의 분야별 강점이 잘 드러나고 연수의 성과가 나타나도록 지휘해야 한다.

좋은 강사를 섭외하는 것은 중요하지만, 그렇다고 강사에게 맡겨 두면 알아서 잘될 거라는 생각은 위험할 수 있다. 연주자(강사)들이 전체의 화음을 생각하지 않고 악기에서 소리만 내게 해서는 안 된다. 연수 담당자는 강의내용, 견학지 설명내용이 연수 과정의 목적에 부합하는지 판단하고 조율하는 것(필요시, 수정보완 요청), 강사와 연수생들 간의 질의응답을 보면서 연수생들의 관심사를 살피는 노력이 필요하다. 아무리 좋은 강사라도 연수 담당자보다 연수 과정의 목적이나 연수생들이 원하는 바를 더 많이 알 수는 없기 때문이다. 따라서, 연수 담당자는 교향

악단의 '지휘자'가 되도록 노력해야 한다. 또한, 좋은 지휘자가 되려면 악기의 특성을 잘 알아야 하듯이, 연수 담당자는 **'섹터**(분야별) **전문가'** 가 되어야 한다.

초청연수의 경우, 연수 담당자는 연수기간 중에 연수생들이 편안하고 안전하게 연수에 참여할 수 있도록 숙박, 식당 등을 예약하고, 현장견학지를 인솔하는 데 많은 시간을 소비하게 된다. 연수생들이 잘 자고, 잘 먹도록 하는 것이 가장 기본적이고 중요한 부분인 것은 사실이다. 특히, 이슬람권 국가의 경우 음식(할랄 식단)이 중요하고, 채식주의자도 증가하고 있어 불편하지 않도록 고려해야 한다.

이쯤 되면, 연수 담당자가 아니라 '관광 가이드'라고 해도 과언이 아니다. 실제 자녀와 아내를 위한 선물 구입, 사무실 직원을 위한 선물 구입 등 많은 도움을 요청받고 도움을 주기도 하였다. 다리를 다친 연수생을 데리고 병원에 가기도 한다. 낯선 타국에 와서 크고 작은 도움을 요청할 수 있는 사람이 연수 담당자밖에 없으니, 최선을 다해 도움을 주어야 한다.

그러나 주변 동료들에게 '관광 가이드'로 머물지 말라고 당부한다. 먹고 자는 것은 연수의 일부이고, 연수의 핵심은 **'무엇을 보게 하고, 배우게 할 것인가'**를 고민하고, 좋은 모듈(강의, 현장견학 등)을 구성하는 것이다. 무엇이 중요한 것인지를 놓쳐서는 안 된다는 것이다.

그러기 위해서는, 연수 시행기관의 제안서(공모 시 작성했던)와 연수사업 개요서(PCP, Project Concept Paper)를 보면서, 수원국의 현황, 문제점, 연수수요를 잘 파악하는 것이 중요하다. 연수 담당자가 전문 분야까지 깊이 이해하는 데 한계가 있겠지만, 해당 분야 전문가가 되도록 노력해야 한다.

"교육의 질은 교사의 질을 뛰어넘을 수 없다"라는 말처럼, 연수 과정의 질은 '연수 담당자'의 질에 영향을 받을 수밖에 없다. 이왕이면 연수 담당자가 해당 분야의 경험이 풍부하거나 학위 또는 자격증을 가지고 있다면 좋겠지만, 그렇지 않다고 하더라도 연수 담당자는 해당 분야 전문가가 되도록 노력하고 보다 넓은 식견을 가지고 있어야 한다.

국제개발협력에 대한 마인드, 외국인 연수생에 대한 이해와 배려의 마음은 당연히 가져야 할 덕목이다. 왜냐하면, 연수 담당자는 '가이드'만 되어서도 안 되지만 '행정가'만 되어서도 안 되기 때문이다.

5.2. 연수 담당자의 자격

ODA 연수에 관심 있는 직원들이 있지만, 실제 연수업무를 하는 것에 대하여 머뭇거리는 직원들이 많이 있다. 외국인을 대상으로 하는 업무이다 보니 언어적인 장벽과 특별한 조건이 필요할 것이라는 선입견을 가지고 있기 때문이다.

공사뿐만 아니라 다른 공공기관의 연수 담당자를 많이 만나게 되는데 대부분은 연수를 소명처럼 여기면서 진심을 다해 하시는 분들이 많다. 인사 발령으로 인해 어쩔 수 없이 하시는 분들은 많지 않았다. 사명감이 없이는 오래 할 수가 없기 때문이다.

그렇다면, 연수 담당자에게 필요한 자격은 무엇인가?

◆ 언어

연수과정에서 기본언어는 영어이다. 따라서 영어는 연수를 준비하거나 연수를 진행하는 과정에서 중요한 요소이다. 특히, 연수과정별 주제와 관련된 전문용어를 이해하도록 노력해야 한다.

다행히 제2외국어(스페인어, 불어) 과정에서는 영어를 사용하는 빈도가 낮다. 제2외국어 과정은 영어 실력이 부족해도 통·번역사의 도움을 받으면 연수 담당자로서 업무를 하는 데 큰 어려움이 없다. 왓츠앱으로 소통할 때도 번역기를 활용하면 된다. 또한, 온라인연수의 경우에는 직접 대면하지 않기 때문에 영어로 소통할 일이 많지 않다.

◆ 시간

초청연수의 경우, 연수기간 중에 연수생과 같이 숙소에서 숙박해야 하거나, 다른 지역으로 현장견학을 가기 위해 며칠 동안 장거리 출장을 가야 하거나, 주말에도 문화탐방 등 연수생을 인솔해야 하는 일들이 많이 있다. 따라서 연수 담당자는 집을 떠나서 출장을 가는 일이 많다. 아울러, 현지연수를 갈 때 약 2주 정도는 해외 출장을 가야 한다. 따라서 시간 할애가 가능해야 한다.

초청연수기간에는 연수생들에게 밤낮으로 여러 일이 발생하고, 연수 담당자가 일일이 해결을 해 줘야 하므로 숙소에 들어가서도 마음 편히 쉬지 못한다. 숙소에서 다음 일정을 준비해야 한다. 그래서 연수 담당자는 체력관리도 잘해야 한다.

온라인연수의 경우에도, 현지 시차와 맞춰야 하므로, 스튜디오에서 밤늦게 또는 이른 새벽에 연수를 진행해야 한다.

◆ 전문성

해당 분야의 학위, 전문 자격증을 가지고 있으면 연수 과정을 이해하고 모듈(강의, 견학지) 구성, 강사 및 견학지 섭외 등에 도움이 된다. 연수 담당자가 학회활동 등 대외활동을 많이 한 경우 인적 네트워크를 활용하여 강사, 현장 견학지 섭외가 쉽다. 그러나, 필수적인 것은 아니다. 정부와 공공기관, 대학의 경우 해당 분야에 대한 전문적인 연수 과정을 수행하지만(예, 한국농어촌공사 ⇒ 농업 및 농촌개발 등), 민간기업의 경우에는 특정 분야에 한정하지 않고 폭넓게 다양한 연수 과정을 수행하고 있다.

또한, 코이카에서 시행하는 ODA 관련 교육을 이수하거나, ODA 일반자격증을 취득한다면, 국제개발에 대한 이해도 및 전문성을 갖출 수 있다. 코이카에서 발간한 『국제개발협력 (입문편, 심화편)』 책자를 통해 공부하면 도움이 된다.

연수업무를 하면서 더 전문적인 공부의 필요성을 느끼고 대학원에 다니는 분들도 많이 있다. 국제대학원에서 국제개발협력을 전공하기도 하지만, 특정 분야(농촌개발 등)의 전문가가 되기 위해 전공을 선택하기도 한다.

◆ 마인드

가장 중요한 자격조건이다. 아무리 언어가 되고 전문성이 있어도 연수 담당자로서의 마인드가 없으면 안 되기 때문이다. 필요한 마인드는 외국인과의 소통능력(적극성), 배려심(친절함), 연수에 대한 사명감(보람), 포용력(위기대처)이다. 인사 발령에 따라 어쩔 수 없이 연수 담당자가 된 경우, 본인의 성격(마인드)과 맞지 않으면 연수업무를 오래 수행하기 어렵다.

연수 담당자로서 어디까지 해 줘야 한다는 기준은 없다. 최소한 필요한 것만 해도 시간은 흘러가고 수료식을 하면 끝난다. 친절하게 잘하려고 하면 끝이 없다. 바다가 없는 내륙국가 연수생들에게 바다를 보여주는 것도, 가족 기념품을 사고 싶다는 연수생과 같이 새벽 동대문 시장을 돌아다니는 것도 시간이 없다고 하면 그만이다. 그런데 담당자로서 힘들지만, 바다에 데리고 가고, 시장에 가는 것은 그분들에게 평생 한 번뿐일 수 있는 한국 초청연수에서 더 좋은 추억을 만들어 주고 싶은 마음(마인드) 때문이다.

(1) **적극적인 소통능력**: 연수업무는 사람을 상대하는 업무이므로, 적극적인 소통능력이 중요하다. 이것이 있으면 언어적인 장벽도 뛰어넘을 수 있다. 연수생들은 언어가 통하지 않아도 소통하려는 마음을 느낄 수 있기 때문이다. 한편, 연수기간 중에 연수생들은 많은 것을 궁금해하고 사소한 질문도 많다. 그때마다 적극적으로 답변을 해 주고 소통해 주어야 한다. 해당 분야의 전문지식뿐만 아니라, 한국의 역사문화, 사회경제 등 전반적인 시스템에 대한 이해도가 있으면 좋다.

(2) **배려심**(친절함): 연수기간 중에 연수생들의 필요를 채워 줘야 한다. 연수생들은 연수 담당자에게 아주 사소한 것부터 큰 것까지 많은 것

을 부탁한다. 그분들이 부탁할 수 있는 사람이 연수 담당자밖에 없기 때문이다. 연수생을 인솔하다 보면 몸과 마음이 지칠 수 있지만, 그분들에게 친절하게 대해 줄 수 있는 배려심이 필요하다.

(3) **사명감**(보람): 사명감까지는 아니더라도 이 일에 대한 기쁨, 보람을 느낄 수 있어야 한다. 연수는 지식을 나누는 고차원적인 일이지만, 연수 과정은 노동집약적인 업무이다. 하나부터 열까지 연수 담당자가 많은 시간과 정신적 · 육체적 에너지를 투입해야 한다. 연수기간 중에는 밤낮없이 연수생의 모든 것을 보살펴야 한다. 선한 영향력을 끼친다는 사명감과 일에 대한 기쁨이 없다면 할 수가 없는 일이다.

(4) **포용력**(위기대처): 연수를 준비하는 과정에서 계획을 잘 세웠어도 연수를 진행하는 과정에서 예상하지 못하는 많은 변수가 발생한다. 계획대로 되지 않는 것이 연수라고 봐도 될 정도이다. 일정이 바뀌기도 하

2022년 카메룬 온라인연수

고, 연수생이 변경되기도 하고, 연수생의 건강에 문제가 생기기도 하고, 강사가 못 오기도 하고, 비행기 일정이 바뀌기도 하고, 이동 중 버스에 문제가 생기기도 하고 등등 모두 나열할 수 없는 많은 일이 발생한다. 이런 상황에 당황하지 않고 의연하게 잘 받아들이는 것이 필요하다. 또한, 돌발 변수에 유연하게 잘 대처하고 신속하게 대안을 찾을 수 있어야 한다. 처음에는 힘들지만, 경험이 쌓이면 위기대처 능력이 생긴다.

6. 연수기관의 역할은 무엇인가?

코이카, 연수지원기관, 수원총괄기관, 수원기관

코이카 글로벌연수사업과 관련된 다양한 기관들이 있다. 코이카 이외 코웍스, 수원총괄기관(줄여서, 수총기관), 수원기관 등이다. 코이카는 연수사업 발주기관이고, 코웍스는 연수 지원기관이다.

기관별 역할(코이카 글로벌연수사업)

기관명		역할
코이카	본부	연수사업실에서 연수사업 총괄
	지역사무소	지역사무소에서(47개국, 2023년 기준) 연수사업 지원
	연수지원기관(코웍스)	코이카 자회사로서, 연수사업 지원
수원총괄기관(수총기관)		수원국 정부마다 ODA 사업을 총괄하는 중앙부처 (외교부, 재무부, 국가개발부 등 국가마다 다양함)
수원기관		수원국에서 연수생으로 선발되어 연수에 참여하는 기관
연수시행기관		연수를 시행하는 기관

출처: 저자 작성

코이카 공모에 선정되거나, 위탁기관(정부, 민간)으로부터 수탁을 받아 연수를 시행하는 기관을 '연수 시행기관'(줄여서 연수기관)이라고 한다.

◆ 코이카(본부)

코이카는 연수사업과 관련하여 본부에 연수사업실과 지역사무소가 있다. 연수사업실은 연수사업 총괄 업무를 하고 있다. 연수사업 발굴, 예산확보, 연수 시행기관 공모 및 선정, 연수계획서 및 예산내역서 검토, 약정체결(계약체결), 연수 종료 후 결과 보고 및 정산, 사후 성과관리 및 심화 사업발굴 등의 업무를 하고 있다.

◆ 코이카(지역사무소)

코이카 지역사무소는 해당 국가의 연수사업 발굴, 연수생 선발, 연수생 동창회 운영 등의 업무를 하고 있다. 다만, 연수의 종류에 따라 역할이 다르다.

연수 종류별 코이카(지역사무소) 역할

종류	역할
초청연수	- 연수생 선발, 비자발급 지원, 사전교육 등의 역할을 한다.
현지연수	- 초청연수보다 역할이 더 많아진다. - 연수 시행기관이 현지연수를 원활하게 시행할 수 있도록 다양한 지원업무(행사장소, 숙박, 현장 견학지 섭외와 수원기관 협의 등)를 수행한다.
온라인연수	- 현지 여건에 따라 연수생에 대한 노트북 대여를 하기도 하며, 현지에서 집합 교육으로 진행하는 경우에는 회의실 임차(호텔, 컨벤션센터), 연수생 출결 관리 등을 한다. - 지역사무소 규모에 따라 다르지만, 보통 지역사무소 코디네이터(한국인 또는 현지인)가 연수사업에 대한 지원업무를 수행하게 된다.

출처: 저자 작성

◆ 연수지원기관(코웍스)

연수지원기관인 코웍스는 2020년 코이카 자회사로 출범하여 연수생 출입국(항공권, 보험료, 출입국 지원), 연수 사전 및 사후 관리(사전 OT, 사전 및 사후 평가), 연수 관련 숙박 시설 및 임차 버스 단가계약, 통·번역사와 가이드 풀 관리, 온라인연수 영상업체 풀 관리, 연수 시행기관 컨설팅 등 다양한 지원업무를 수행하고 있다.

코웍스 글로벌연수사업 / www.koworks.org

◆ 수원총괄기관

수원총괄기관(수총기관)은 우리나라 외교부와 같이 ODA 업무를 총괄하고 있는 해당 국가의 중앙부처를 의미한다. 국가마다 외교부, 재무부, 국가개발부 등 담당 부처가 다르니 잘 확인하여야 한다. 코이카 또는 중앙부처에서는 연수사업을 발굴할 때, 수원총괄기관으로부터 연수사업제안서(PCP)와 공문을 받아야 한다. 연수생을 선발할 때도 수원총괄기관으로부터 연수생 명단을 받아야 한다. 수원국 내에서 연수를 요청하는 많은 기관이 있으므로, 이를 조율하는 역할을 한다.

◆ 수원기관

수원기관은 연수생을 참여시킴으로써 실제 연수의 혜택을 받는 기관이다. 수원기관은 연수사업제안서(PCP)를 작성하여 수원총괄기관을 통해 코이카 등에 제출하게 되며, 연수사업이 선정되어 시행할 때도 연수생을 선발하여 수원총괄기관을 통해 코이카 등에 제출하게 된다. 연수사업의 성격에 따라, 수원기관은 단일 기관이 아닌 여러 기관이 포함되기도 한다. 수원기관에서 PCP를 작성하고 코이카 지역사무소와 연락을 담당하는 사람의 역할이 중요하다.

◆ 연수시행기관

연수시행기관은 코이카 글로벌연수사업을 비롯하여, 중앙부처 ODA 사업의 연수 및 EDCF 차관사업의 연수 등을 위탁받아 직접 시행하는 기관이다. 연수계획 수립부터 연수시행, 결과보고 및 정산까지를 담당한다.

연수시행기관은 중앙부처 교육기관(국립 ○○공무원교육원 등), 지방자치단체, 공공기관(공사, 공단, 국책연구원 등), 대학 산학협력단, 그리고 민간기관(협회, 사회적기업 포함)이 있다.

정부 및 공공기관은 코이카 글로벌연수사업 공모를 통해 연수기관으로 선정되어 연수를 직접 시행할 뿐만 아니라, 해당 부처별 자체 ODA 사업으로 연수 과정을 발굴하여 시행하기도 하고, 코이카 글로벌연수사업의 부처제안사업 연수를 제안하기도 한다.

공공기관은 소속 중앙부처로부터 연수사업을 위탁받아 수행하기도 하고, 국제기구 또는 민간기관의 협약을 통해 연수를 수행하기도 한다. 또한, 기관에서 수행하는 ODA 유무상사업에 포함된 사업연수를 시행하기도 한다.

대학은 산학협력단을 통해 코이카 글로벌연수사업뿐만 아니라, 코이카 석박사 학위과정을 공모를 통해 위탁받아 시행하고 있다. 최근 대학에서는 코이카 무상원조사업을 비롯하여 다양한 국제개발협력사업에 높은 관심을 가지고 참여를 확대해 나가고 있다.

민간기관은 코이카 글로벌연수사업, 중앙 및 공공기관의 연수사업, ODA 유무상사업에 포함된 사업연수 등을 시행하고 있다. 최근에는 민간 연구소, 협회, ODA 사업을 목적으로 설립한 민간기업에서의 참여가 늘어나고 있다.

◆ 정부 및 공공기관 역할의 중요성

정부 및 공공기관은 설립 목적에 따른 분야별 전문성을 가지고 있어, 다른 연수시행기관에 비하여 많은 강점을 가지고 있다. 많은 정부 및 공공기관에서는 연수뿐만 아니라, 소속 중앙부처 및 기관 특성에 맞는 ODA 사업과 국제협력업무(국제기구, 국제학술 분야 등)를 수행하고 있다. 따라서 연수성과가 일회성으로 끝나지 않고, 연수생 또는 수원기관과의 지속적인 네트워크를 통하여 다양한 ODA 유무상사업 발굴 및 국제협력 분야와 연계시킬 수 있는 장점을 가지고 있다. 실제 연수 과정에서 연수생들은 정부 및 공공기관들과 협력을 희망하는 경우가 많다.

또한, 한국의 경제발전 과정에서 중앙정부는 정책, 법제도를 수립하고 공공기관들은 정책과 사업발굴을 지원함과 동시에 직접 실행하는 역할을 맡아 왔다. 따라서, 공공기관들은 정부의 정책과 사업을 수행하면서 축적한 경험과 기술력을 가지고 있다. 정책 수립에서부터 사업시행과 사후 유지관리까지 정책, 법제도 등 모든 영역에서 많은 수원국(기관)에서 전수받고 싶어 하는 노하우를 가지고 있다.

아울러, 기관 내에는 분야별 전문성을 가진 직원, 시설 및 사업 현장을 가지고 있어 전문강사 및 견학지를 적극 활용할 수 있고, 대외적인 공신력이 높아 외부 강사 및 견학지(기관방문) 섭외가 용이하다. 따라서, 분야별 전문성을 가지고 있는 많은 공공기관의 ODA 연수에 대한 관심과 참여가 필요하다.

한국농어촌공사 인재개발원 국제교육교류센터 / 홍보 팸플릿

제2장

연수의 탄생

1. 우리나라 연수 현황

우리나라는 ODA 사업을 위하여 1987년 EDCF(대외경제협력기금)를 창설하고, 1991년 코이카를 설립하였으며, 2010년 OECD DAC(개발원조위원회) 회원국으로 가입하였다(ODAKOREA 홈페이지).

ODA 공여의 시작은 1963년 미국국제개발청(USAID)의 자금지원을 받아 수탁 훈련을 한 것이 최초이고, 이후 1965년 우리 정부 자체 예산으로 연수를 시작하였다.

이처럼 연수사업은 가장 쉽게 시작할 수 있는 ODA 사업 형태이고, 우리나라도 연수가 ODA 사업의 첫 시작이었다. 최근에는 외교부(코이카)를 포함한 26개 중앙부처에서 약 370개의 연수 과정을 수행하고 있다(국무조정실 국제개발협력위원회 2022년 기준).

연수사업으로 분류되지 않지만, 한국 정부의 유무상 원조사업에 '역량강화'라는 이름으로 초청연수가 포함되어 있다. 예를 들어 수원국에 '농산물 가공시설'을 건설해 주는 사업을 한다고 할 때, 사업종료 이후 수원국 공무원들이 가공시설을 잘 유지관리 할 수 있도록, 한국에 초청하여 '농산물 가공시설 유지관리 역량강화' 연수를 시행하는 것이다. 일반적으로 '사업연수'라고 부른다.

23년 EDCF 차관사업(유상원조) 228개, 코이카 사업(무상원조) 419개가 예정되어 있으므로, 사업당 1개의 초청연수가 시행된다면 약 600개가 넘는 연수가 시행되는 셈이다. 한국의 ODA 사업 규모는 2023년 4조원을 넘어섰고, 매년 증가하고 있으므로 외국인 ODA 연수는 계속 늘어날 것이다.

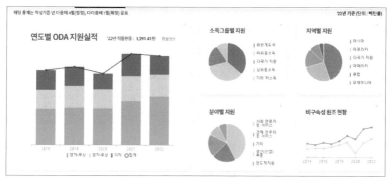

우리나라 ODA 지원현황 / 국제개발협력위원회 www.odakorea.go.kr

2. 연수의 종류에는 무엇이 있나?

일반적으로 외국인 연수 하면 '초청연수'를 떠올린다. 그러나, 연수는 참여 국가, 장소, 방법, 기간에 따라 많은 종류가 있다.

◆ 참여 국가

참여 국가에 따라, 1개 국가만 참여하는 단일국가 연수(국별연수)와 2개 이상 국가가 참여하는 다국가 연수가 있다. 다국가 연수는 보통 지역별(아프리카, 동남아시아, 중앙아시아 등)로 몇 개 국가를 묶어서 진행하는 경우가 많다. 이슬람 국가와 비이슬람 국가가 포함된 다국가 연수의 경우, 음식 및 종교 등을 고려해야 한다.

국가별 연수

참여 국가	의미	예시
단일국가 연수 (국별연수)	1개의 국가에서 연수생이 참여하는 연수	
다국가 연수	2개 이상의 여러 국가에서 연수생이 참여하는 연수	PIC(태평양 섬 국가) 기후변화 연수, 7개국

◆ 연수 연차

연수 연차에 따라, 1년만 하는 단년연수와 2개년 이상(보통 3년) 시행하는 다년간 연수가 있다. 코이카 연수의 경우 보통 3년이 기본이나, 특수한 연수의 경우 5년 이상 진행된 경우도 있다. 중앙부처 연수의 경우 수원국과의 협의에 따라 기간을 정하고, 사업연수(유무상 사업)의 경우에는 사업 기간 내에 계약된 횟수를 시행한다(예. 사업 기간 5년 이내에 2~3

회 연수 시행).

연차별 연수

연수기간	의미	예시
단년 연수	해당 연도 1회만 시행하는 연수	
다년간 연수	다년간 시행하는 연수	KOICA-AARDO 연수 (2017~2021), 5개년

◆ 연수방법

연수진행 방법에 따라, 대면과 비대면 연수로 구분한다. 대면 연수는 연수 장소에 따라 초청연수와 현지연수, 제3국 연수 등이 있다. 한국으로 초청하여 진행하는 초청연수, 현지 수원 국가에 한국 전문가가 가서 진행하는 현지연수가 있다. 다국가 연수인 경우에는 여러 나라 중 하나를 정하여 시행한다. 코이카 글로벌연수사업을 제외한 사업연수에서는 대부분 초청연수로 진행한다.

비대면 연수로는 온라인연수가 있는데, 각자 사무실 또는 집에서 연수에 참여하는 개별교육과 호텔 회의실 또는 교육기관 등 외부시설을 임차하여 연수생들이 모여서 참여하는 집합교육으로 구분할 수 있다.

비대면 온라인연수는 2019년 이후 코로나로 초청연수가 어려워졌을 때, 새로운 대안으로 시작되었고, 2023년 코이카 글로벌연수사업의 경우 3개년 연수 중 1차 연도 연수는 온라인연수, 이후 2차와 3차 연도 연수는 초청연수로 시행하였다. 온라인연수는 연수생이 사무실 또는 가정에서 개별적으로 참여하기도 하지만, 교육 장소를 임차하여 집합교육으로 진행되기도 한다.

연수형태		의미	예시
초청연수		연수생을 한국으로 초청하여 한국에서 실시하는 연수	
현지연수	대면	해당 국가에 한국 전문가(연수 담당자, 강사진)가 출장을 가서 실시하는 연수 단, 다국가 연수인 경우에는 1개의 국가를 정하여 시행	아시아 4개국 농촌개발 역량강화 현지연수(라오스, 필리핀, 캄보디아, 미얀마 연수생이 '필리핀'에서 연수실시)
온라인	비대면	연수생들이 한국에 오지 않고, 해당 국가에서 온라인으로 실시하는 연수 (개별연수, 집합교육으로 진행)	세미나(액션플랜), 강의(필요시)는 실시간으로 진행

2022 에콰도르 온라인연수

◆ 연수기간(일수)

연수기간에 따라, 2주 이내 단기간 시행하는 단기 연수와 3주 이상 중장기 연수가 있다. 단기와 중장기를 나누는 기준이 있지는 않지만, 보통 현지연수는 1주일, 온라인연수는 2주 이내, 초청연수는 2~3주 이내로 실시한다. 예전에는 4주 동안 진행된 초청연수도 있었지만, 코로나 이후 연수기간은 2주 이내 단기 연수로 짧아졌다. 연수생이 고위급인 경우, 2주라는 일정을 빼기가 힘들어서 중간에 들어오고 나가는 경우도 있다. 따라서, 고위급은 1주일 정도가 적당하다.

기간별 연수

연수일수	의미	예시
단기 연수	2주 이내의 단기간 실시하는 연수 (고위급은 1주일, 현지연수 1주일, 온라인연수 10일 이내)	대부분 연수가 14일 이내
중장기 연수	3주 이상 장기간 실시하는 연수	아시아 4개국 농촌개발 역량강화 연수 4주(28일) 진행

◆ 연수생 직급

연수생의 직급에 따라, 중앙부처 장·차관급, 지방자치단체장을 포함하여 국장급 이상이 참석하는 고위급 연수, 고위급을 제외한 일반 공무원들이 참석하는 실무급 연수가 있다. 고위급과 실무급을 구분하지 않고, 연수생에 고위급과 실무급이 같이 오는 경우도 있다.

고위급 연수기간은 1주일로 구성한다. 고위급의 경우 정부의 중요 행사, 회의가 많으므로 연수 참석을 위해 1주일 이상 출장을 나오기 힘들기 때문이다. 고위급과 실무급이 혼합하여 2주일을 진행하는 경우에 고위급이 늦게 입국하거나 먼저 출국하는 경우가 자주 발생한다. 긴급한 업무로 인하여 당초 예정했던 일정이 바뀌기도 한다.

고위급 연수의 내용은 강의보다는 현장견학 위주로 구성하고, 코이카 연수에서 필수로 들어가는 국별보고와 액션플랜을 생략하기도 한다.

예산 측면에서도 고위급(장·차관)은 항공권(비즈니스), 숙박(객실 업그레이드), 차량(고급 리무진) 등 추가적인 비용이 발생한다.

직급별 연수

직급	의미	예시
고위급 연수	중앙부처 장·차관 등 국장급 이상, 지방자치단체장 등 고위급	인도네시아 NCICD 고위급 연수 (차관급)
실무급 연수	중앙부처, 지방자치단체 실무자	인도네시아 NCICD 실무급 연수

국제개발협력 'ODA 연수' 전문가 되기

3. 연수는 어떻게 만들어지는가?

연수사업은 수원국의 수요를 바탕으로 발굴된다. 연수가 시행되는 연도를 D년이라고 할 때, 연수사업 제안서를 제출하는 것은 D-2년부터 시작된다. 2024년(D년) 연수를 시행하는 경우 2022년(D-2년)에 사업 제안이 되었어야 한다. 코이카 글로벌연수사업, 중앙부처 자체적으로 시행하는 연수사업의 발굴 및 선정 절차는 아래와 같이 동일하다.

연수 발굴 및 선정 절차

연도 (예시)	코이카 글로벌연수사업	중앙부처 연수사업
D-2년 (2022년)	· 연수제안서 접수 - 코이카 제안: 수원총괄기관 ⇒ 　코이카(지역) ⇒ 코이카(본부) - 부처 제안: 중앙부처 ⇒ 코이카(본부)	· 연수제안서 접수 - 수원총괄기관 ⇒ 중앙부처
D-1년 (2023년)	· 연수사업 선정(코이카 ⇒ 외교부 ⇒ 국무조정실 국제개발협력위원회) · 예산심의(기획재정부) · 예산확정(국회)	· 연수사업 선정(중앙부처 ⇒ 외교부 ⇒ 국무조정실 국제개발협력위원회) · 예산심의(기획재정부) · 예산확정(국회)
D년 (2024년)	· 연수시행	· 연수시행

출처: 저자 작성

◆ D-2년

연수를 희망하는 수원기관에서는 연수사업제안서(PCP)를 작성하여 수원총괄기관을 통해 한국 정부(코이카, 중앙부처)에 공문으로 제출해야 한다. 수원국의 수원총괄기관에서는 여러 수원기관에서 제출한 연수사업 제안서를 수원국의 정책에 따라 우선순위를 정하여 한국정부에 제출하게 된다.

◆ D-1년

한국 정부(코이카, 중앙부처)에서는 제출받은 PCP에 대한 심의 절차를 거쳐 연수사업으로 최종 선정하게 된다. 여러 국가에서 제출한 PCP 중에서 한국 정부의 ODA 정책에 따라 우선순위를 정하게 된다. 예를 들면, 특정 지역 국가(예, 신남방, 신북방 등)에 중점적으로 지원한다든지, 특정 정책(예, 기후변화, 4차산업 등)과의 연계성에 우선순위를 두는 것이다.

이후 외교부 무상원조사업 심의와 기획재정부 정부 예산심의 절차를 거쳐 해당 연수사업에 대한 예산이 국회에서 확정된다. 최근에는 여러 중앙부처의 무상원조사업이 중첩되지 않도록 조율하고, 유무상사업 간에 연계성을 강화하는 추세로 가고 있다.

◆ D년

최종적으로 연수 시행기관을 선정하여 연수사업을 시행한다.

한편, 코이카는 연수사업 제안서를 두 가지 방식으로 접수하고 있다. 위와 같이 수원국의 수원총괄기관을 통해 접수를 받기도 하지만, 중앙부처로부터 직접 접수를 받는데 이를 '정부부처 제안사업'이라고 한다.

중앙부처에서도 직접 ODA 사업을 추진하고 수원국 정부와의 국제교류 협력업무를 하고 있으므로, 이러한 협력관계를 통하여 연수사업 수요를 발굴할 수 있다. 정부부처 제안사업을 통해 중앙부처에서는 필요하다고 판단되는 연수를 발굴하여 코이카 글로벌연수사업으로 제안을 할 수 있다. 코이카에서는 정부부처 제안사업도 D-2년에 상하반기 2번에 걸쳐 제안을 받고 있다.

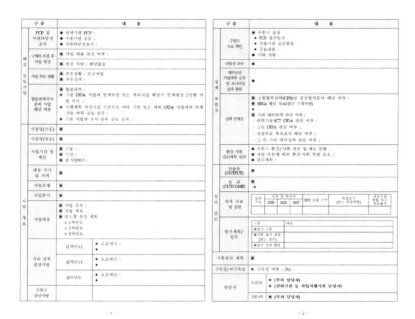

연수 사업개요서 양식

4. 연수 시행기관은 어떻게 선정하나?

코이카 글로벌연수사업은 공모를 통하여 연수기관을 선정한다. 코이카 연수 이외 사업연수는 사업시행기관(PMC)에서 위탁할 연수기관을 자체적으로 선정하여 계약을 진행한다.

정부 예산을 통과하여, 연수사업으로 선정이 되면 코이카에서는 공모절차를 통해서 연수 시행기관을 선정한다. 전년도 12월에 '글로벌연수사업 연수 시행기관 공모'를 통하여, 공모대상과 제안서 작성방법, 심사기준 등을 공지한다. 제안서 접수는 1월까지, 공모 결과발표는 2월에 하게 된다. 코이카 공모 일정, 제안서 작성양식 등은 매년 바뀔 수 있으니 홈페이지를 통해 확인해야 한다.

연수사업 참여를 희망하는 기관은 제안서 양식에 따라 작성하고, 관련 증빙서류를 제출하면 된다. 제안서는 수원국에서 제출한 사업제안서(PCP)를 바탕으로 수원국의 현황과 문제점을 분석하고, 연차별 추진전략, 당해 연도 모듈(강의, 견학) 등을 양식에 따라 작성한다. 국가별 현황 및 수요분석 시, 한국 정부의 국가별 CPS(국가협력전략), 코이카의 CP(국가지원계획)와 수원국에 대한 사업추진 자료를 참고한다. 관련 정보는 코이카 ODA도서관을 통하여 얻을 수 있다.

코이카는 접수된 제안서에 대하여 심사기준에 따라 최종 기관을 선정하게 된다. 제안서 접수를 하였으나 제안 기관이 없거나, 심사결과 기

가나	① 지역개발 분야 ② 보건위생 분야 ③ 교육 분야 ④ 에너지 분야 ⑤ 교통 분야	네팔	① 물관리 및 보건위생 분야 ② 교육 분야 ③ 지역개발 분야 ④ 에너지 분야	우크라이나	① 교통 분야 ② 산업 분야 ③ 보건위생 분야 ④ 공공행정 분야	이집트	① 교통 분야 ② 환경·에너지 분야 ③ 공공행정 분야 ④ 교육 분야 ⑤ 통신 분야
라오스	① 물관리 및 보건위생 분야 ② 에너지 분야 ③ 교육 분야 ④ 지역개발 분야	르완다	① 교육 분야 ② 지역개발분야(농촌개발) ③ 통신 분야(ICT)	인도	① 지역개발 분야 ② 교통 분야 ③ 물관리 및 보건위생 분야 ④ 환경 분야 ⑤ 그린에너지 분야 ⑥ ICT 분야	인도네시아	① 교통 분야 ② 공공행정 분야 ③ 환경보호 분야 ④ 물관리 분야
몽골	① 교육 분야 ② 물관리 및 보건위생 분야 ③ 공공행정 분야 ④ 교통 분야 ⑤ 기후환경 분야	미얀마	① 공공행정 분야 ② 교통 분야 ③ 에너지 분야 ④ 교육 분야	캄보디아	① 교통 분야 ② 물관리 및 보건위생 분야 ③ 교육 분야 ④ 지역개발 분야	콜롬비아	① 지역개발 분야 ② 교통 분야 ③ 산업 분야 ④ 평화 분야
방글라데시	① 교육 분야 ② 교통 분야 ③ 물관리 및 보건위생 분야 ④ 통신 분야	베트남	① 교육 분야 ② 교통 분야 ③ 물관리 및 보건위생 분야 ④ 공공행정 분야	키르기스스탄	① 환경 분야 ② 농림수산 분야 ③ 공공행정 분야 ④ 보건위생 분야	타지키스탄	① 산업 분야 ② 교육 분야 ③ 농림수산 분야 ④ 교통 분야
볼리비아	① 보건위생 분야 ② 지역개발 분야 ③ 교통 분야 ④ 에너지	세네갈	① 지역개발 및 수산업분야 ② 교육 분야 ③ 물관리 및 보건위생 분야 ④ 교통 분야	탄자니아	① 교통 분야 ② 교육 분야 ③ 에너지 분야	파라과이	① 교통 분야 ② 지역개발 분야 ③ 공공행정 분야
스리랑카	① 교육 분야 ② 교통 분야 ③ 물관리 및 보건위생 분야 ④ 지역개발 분야	에티오피아	① 물관리 및 보건위생 분야 ② 지역개발 분야 ③ 교통 및 에너지 분야 ④ 교육 분야	파키스탄	① 교통 분야 ② 교육 분야 ③ 물관리 및 보건위생 분야 ④ 지역개발 분야	페루	① 보건위생 분야 ② 공공행정 분야 ③ 환경보호 분야 ④ 교통 분야
우간다	① 지역개발 분야 ② 교육 분야 ③ 보건위생 분야	우즈베키스탄	① 교육 분야 ② 물관리 및 보건위생 분야 ③ 공공행정 분야 ④ 지역개발 분야	필리핀	① 지역 개발 분야 ② 물관리 및 보건위생 분야 ③ 교통 분야 ④ 재해 예방 분야		

2021~2025년 제3기 중점협력국가별 CPS

준점수에 미달하는 연수 과정은 재공모를 진행한다. 공모 심사기준은 매년 달라질 수 있으므로, 꼭 확인하여야 한다.

2023년 글로벌연수사업 제안서 심사기준표

평가영역	평가자	평가항목	배점(점)
정량평가(20점)	연수실	국제개발협력에 대한 이해와 연수운영 경험	20
정성평가(80점)	내부/외부 위원	사업개요 및 추진배경	15
		사업 세부 추진계획	25
		사업 관리계획	10
		사후관리 및 홍보 계획	5
		특수제안 사항	5
		연수 시행기관의 역량	10
		인력투입 계획	10

출처: 코이카 글로벌연수사업 길라잡이

코이카 연수사업 공모의 참가자격에 나와 있듯이, 연수사업 분야에 대한 수행 실적과 전문인력 및 시설을 보유한 기관이 심사에서 좋은 평가를 받을 수 있다. 연수실적이 없는 신규 연수 시행기관의 경우 참여기회를 넓혀 주기 위해 가점을 주고 있지만(23년 기준), 연수사업을 비롯한 국제개발협력사업에 대한 경험이 있고, 연수 분야에 대한 전문성과 인력을 갖춘 기관이 유리할 수밖에 없다.

연수사업이 수원국 공무원을 대상으로 한국의 발전 경험을 전수해 주는 것이므로, 연수사업의 분야별 특성에 맞는 전문기관(특히, 정부, 공공기관)이 연수 시행기관으로 참여하는 것이 효과적이다. 내부에 해당 분야 강사진, 견학지 및 실습 장소를 보유하고 있고, 외부 강사 및 견학지 섭외에도 유리하기 때문이다. 실제로 해당 중앙부처의 소속 기관에

2024년 코이카 연수공모 안내 / 2023.12. 코이카 홈페이지

국제개발협력 'ODA 연수' 전문가 되기

서 많이 참여하고 있다.

연수사업 공모에 선정이 되면, 연수계획서 및 예산내역서 작성 후, 코이카 전자조달시스템을 통하여 약정체결(보통, 연수시행 1개월 이내)을 해서 공식적인 계약이 이루어진다.

5. 연수는 어떻게 설계할까?

코이카 글로벌연수사업은 연수 시행기관에서 제안서 작성단계부터 3개년 연수 과정을 어떻게 추진할 것인지 설계를 한다. 연수형태(초청, 온라인, 현지연수 등), 연수인원(초청기준 20명 내외), 연수대상자(고위급, 실무급 등), 연수내용(기본교육, 심화교육 등)을 제안서에 담는다.

연수 시행기관으로 선정이 되면, 1차 연도 연수단계부터 코이카와 협의하여 연수계획을 수립하게 된다.

5.1. 연수형태

코이카 글로벌연수사업과 사업연수는 초청연수를 기본으로 한다. 코이카 글로벌연수사업의 경우, 여기에 현지연수, 온라인연수를 추가하기도 한다.

◆ 초청연수

초청연수는 연 1회를 시행하는 것이 일반적이다. 3개년 연수사업의 경우 총 3번의 초청연수를 시행하게 된다. 그러나, 수원국의 요청에 따라 고위급과 실무급으로 구분하여 연 2회를 시행하기도 한다.

◆ 현지연수

현지연수는 연수사업을 마무리하는 총괄 워크숍 형태로 3차 연도에 실시하기도 하고, 3차 연도 상반기에 초청연수를 시행하고 하반기에 현지연수를 추진하기도 한다. 현지연수를 1차 연도에 하는 것도 효과적이다. 1차 연도에 한국 전문가들과 같이 현지연수를 함으로써 수원국에 대한 이해도가 높아지고, 향후 3개년 초청연수를 어떤 형태로 추진할 것인지 구상할 수 있기 때문이다.

연수 시행기관 선정 이후 1차 연도 시작 전에 3개년도 연수계획수립을 위한 기획조사를 실시하면 좋지만, 여건상 추진이 어려울 때가 많다 (예산 상황, 수원기관 상황, 연수 시행기관 상황, 전문가 일정 등). 따라서 현지연수를 통하여 기획조사의 효과를 기대할 수 있다.

◆ 온라인연수

온라인연수는 코로나 시기에 초청연수를 하지 못하는 것에 대한 대안으로 시작하였으나, 2023년은 코이카 3개년 연수 과정 중 1차 연도는 온라인연수로 진행하는 것을 원칙으로 하였다. 1차 연도 온라인연수를 통하여 이론적인 학습을 하고, 2~3차 연도에는 초청연수를 함으로써 온·오프라인 혼합연수를 시행하는 것이다.

2023년도 코로나 시기에 1~2차 연도를 온라인연수로 진행했던 연수 과정을 3차 연도에 초청연수로 진행했다. 1~2차 연도 온라인연수에 참석했던 연수생 중 일부를 중복 선발을 하였고, 초청연수 시작 전에 1~2차 연도에 제작한 강의 영상을 사전에 듣고 오도록 하였다. 이론적인 강의는 온라인으로 먼저 듣고 초청연수에서는 현장견학, 전문가토론 중심으로 운영을 하였다. 2주 이내의 짧은 시간이었지만, 혼합연수 방식의 장점을 최대한 살릴 수 있어서 긍정적이었다.

case	1차 연도	2차 연도	3차 연도	비고
1	초청	초청	초청	초청으로만 구성
2	초청	초청	현지	초청, 현지 혼합
3	초청	초청	초청, 현지	초청, 현지 혼합
4	현지	초청	초청	
5	온라인	초청	초청	초청, 온라인 혼합
6	초청(고위) 초청(실무)	초청(고위) 초청(실무)	초청(통합) 현지	고위, 실무급 구분

출처: 저자 작성

5.2. 연수인원

연수인원은 초청연수의 경우 10~20명, 온라인연수는 20~30명, 현지연수는 20~50명 정도가 적정하나 예산 여건에 따라 유동적일 수 있다.

초청연수는 20명이 넘을 경우, 연수생 인솔과 관리에 많은 어려움이 있다.

> (1) 버스 이동 시(28인승 우등버스) 25명을 초과하면 인솔자, 통역사 등 좌석이 부족하다.
> (2) 식당 예약을 할 때도 20명이 초과하면 단체 예약을 잡기가 어렵다.
> (3) 강의 및 토론 진행 시에도 연수생과 강사의 집중도가 낮아진다.
> (4) 강의 및 현장견학 시 충분한 질의응답 시간 확보가 어렵다.
> (5) 현장견학 시 인원이 많으면 강사의 설명에 집중하기 어렵다.
> (6) 연수생 인솔, 일정 관리가 어렵다(식사시간, 이동시간, 휴식시간 등이 길어진다).

온라인연수의 경우, 특별히 인원수 제한은 없으나 연수생 진도율 관리도 해야 하고, 국별보고 및 액션플랜과 같은 그룹 활동을 해야 하므로 30명이 초과하는 경우 연수 진행이 어렵다.

현지연수의 경우도 대면 연수이므로 연수인원은 20명 규모가 적정하다. 그러나, 마지막 3차 연도에 현지연수를 실시하는 경우, 1차와 2차 연도 연수생과 수원국의 고위급을 참석시켜 50명 이상까지 진행할 수 있다. 전체 일정을 다 참석시키기 어려운 경우에는 20명을 대상으로 하되 마지막 날 수료식에는 연수생을 더 참석시켜서 최종 발표회로 진행할 수 있다.

5.3. 연수대상자

ODA 연수의 대상자는 수원국의 공무원(중앙, 지방정부), 공공기관 종사자, 국가 연구기관 연구원, 국립대 교수 등이다. 민간인, 민간기업 종사자는 대상이 되지 않는다. 예외적으로 사업연수의 경우 프로젝트가 시행되는 지역의 수혜자들이 연수대상자로 선발되기도 한다(2018년 르완다 농촌개발 사업의 마을지도자).

연수생의 선발조건은 연수와 관련된 분야에 일정 기간 종사한 경력이 있거나, 관련 전공 분야의 학위 이상의 조건을 넣기도 한다. 그러나, 반드시 이 조건에 맞춰서 선발되지는 않는다. 대부분 수원기관의 판단에 따라 연수생을 선발한다. 연수기관에서 제시한 선발조건에 부합되지 않는 경우도 발생한다.

또한, 연수 과정을 영어로 진행하는 경우에는 영어가 가능한 연수생이 선발되도록 해야 한다. 영어가 원활하지 않은 연수생이 선발되어 연수 참여에 어려움을 겪는 일도 자주 발생한다. 영어 이외에 스페인어와 불어권 국가의 연수 과정은 해당 언어(스페인어, 불어)로 진행한다.

연수생은 성별에 따라 선발하기도 한다. 코이카에서는 일정 비율을

여성으로 선발하도록 권장하기도 했지만, 실제 선발되는 비율은 다른 경우가 많았다.

연수생은 과정의 특성에 따라 고위급, 실무급을 나누기도 한다. 고위급이란 중앙부처 국장급에서 장·차관급, 지방자치단체장까지를 말한다. 실무급은 과장급 이하로 구성된다. 수원기관의 요청에 따라 고위급, 실무급으로 나누기도 하고, 별도로 구분하지 않고 실무급 연수단에 고위급이 참여하기도 한다.

연수생의 소속부서도 대체로 중앙부처 소속 공무원들이 참석하기도 하고, 지방정부 공무원들이 포함되기도 한다.

고위급 중 장·차관이 있는 경우 의전이 달라지고, 연수기간이 짧아지고, 항공(비즈니스) 및 호텔(객실 업그레이드)이 달라지므로, 연수생에 고위급이 포함된 경우에는 어떻게 진행할 것인지 사전에 확인하여야 한다.

코이카 글로벌연수사업의 경우, 최근 3년 이내 동일한 연수생을 선발하지 않기 때문에, 연차별 연수생이 달라진다. 다만, 특수한 경우, Key person을 지정하고 코이카와 협의하여 소수 인원을 중복 선발할 수 있다. 그리고, 온라인연수에 참여했던 연수생 중 일부를 초청연수 시행 시 중복으로 선발할 수 있도록 하였다.

사업연수의 경우, 사업에 관련 있는 공무원을 연수대상자로 선발하므로, 1개의 사업이 종료될 때까지 여러 차례 중복으로 선발되거나, 여러 개의 사업을 맡은 공무원인 경우 여러 사업의 초청연수에 선발되어 오기도 한다.

국제개발협력 'ODA 연수' 전문가 되기

5.4. 연수내용

3개년도 연수의 경우, 연차별 차별화를 위하여 1차 연도는 기본교육, 2~3차 연도는 심화교육 또는 1차 연도는 이론교육, 2차 연도는 실무교육 등으로 단계별로 연수계획을 수립하기도 한다. 그러나, 1~3차 연도 연수생이 동일할 경우에는 효과적이나 매년 연수생이 달라질 경우에는 연차별로 차별화를 두는 것은 효과가 떨어진다.

따라서, 1차 연도 연수 이후 연수생의 관심 분야를 고려하여 2~3차 연도 연수내용에 변화를 주고 개선하는 것이 좋은 방법이다.

연수제안서(PCP) 등을 고려하여 연수 과정을 수립하지만, 연수를 시행하다 보면 PCP에서 요청한 연수내용과 연수생의 수요가 다른 경우도 있다. PCP는 N-2년에 작성된 것으로 그사이 수원국(수원기관)의 상황이 달라질 수 있기 때문이다. 따라서 1차 연도 연수를 시행하면서 연수생들이 원하는 부분이 무엇인지 좀 더 정확하게 파악하고 2차 연도 이후에 연수내용을 다르게 구성할 수 있다.

연차별 모듈구성(예시)

case	1	2	3	4
연도	심화단계	이론/실무	직급별	분야별 (예. ○○인프라)
1차 연도	초급내용(기본)	이론	고위급	○○인프라 **개발정책**
2차 연도	중급내용	실무	관리자급	○○인프라 **개발기술**
3차 연도	고급내용(심화)	실습	실무자급	○○인프라 **유지관리**

출처: 저자 작성

5.5. 연수기간

코이카 글로벌연수사업의 경우 초청연수는 2주간을 실시하고(온라인
은 10일 이내), 시작일은 보통 목요일에 한국에 도착하는 경우가 많다. 무
조건 목요일부터 시작해야 하는 건 아니지만 장거리 비행과 시차로 인
한 연수생의 피로도를 고려할 때, 목요일 한국에 도착하여 금요일 개강
식을 시작하고 주말을 이용하여 휴식시간을 가지면서 컨디션 조절과
시차 적응의 시간을 갖게 하는 것은 합리적이라고 판단된다.

2주간의 일정이라 하더라도 주말(4일), 출발과 도착일(2일)을 제외하
면 실제 연수에 사용할 수 있는 시간은 8일에 불과하다.

고위급의 경우에는 1주일 정도로 편성을 하는 게 좋다. 수원국에서
중요한 회의, 일정이 많아 1주일 이상 시간을 할애하기 힘들다. 실무급
도 연수성과를 고려할 때 연수 시행기관이나 연수생들은 2주간은 짧은
시간이라고 생각되지만, 수원기관에서는 공무원들이 2주 이상 오랜 시
간 자리를 비우는 것에 대하여 호의적이지 않을 때가 있다.

제3장

초청연수

ODA 연수의 꽃은 초청연수이다. 연수의 대부분은 초청연수이고, 연수 담당자들도 대부분 초청연수만 해 본 경험이 많다. 초청연수를 준비하고 시행하는 방법을 안다면, 다른 현지연수, 온라인연수도 수월하게 할 수 있다.

초청연수 행정절차

종류별	절차	내용	비고
코이카 글로벌 연수사업	① 연수 시행기관 선정	공모(지명) 절차에 의해 기관 선정	
	② 과정안내서(CI)	연수개요, 선발조건, 일정표, 국별보고, 액션플랜 안내 등	4개월 전 또는 코이카 협의
	③ 연수계획서(위탁업무수행계획서), 예산내역서 제출	연수개요, 연차별 전략, 세부일정, 강의 및 현장견학 내용, 강사, 예산편성(숙식비, 강사료, 통·번역비 등)	연수기관 선정 후 2주 이내 또는 코이카 협의
	④ 약정체결(코이카 전자조달)	약정서, 위탁업무수행계획서, 약정금액내역서	1개월 전
	⑤ 연수실시	연수실시	
	⑥ 결과보고 및 정산서 제출	연수결과보고(성과지표, 연수내용 등), 정산서(증빙 등)	종료 후 1개월 이내
	⑦ 경비 정산 및 사업비 지급	경비 정산결과 회신(회계법인), 사업비 지급(최종)	

종류별	절차	내용	비고
그 외 사업연수	① 연수시행 협의	발주기관과 연수시행 협의	
	② 과정안내서(CI)	연수개요, 연수생 선발소건, 일정표	발주처 협의
	③ 실시계획서, 예산내역서 제출	연수개요, 연차별 전략, 세부일정, 강의 및 현장견학 내용, 강사, 예산편성(항공료, 숙식비, 강사료, 통·번역비 등)	발주처 협의
	④ 연수 승인	연수계획 및 예산에 대한 승인	발주처 협의
	⑤ 연수실시	연수실시	
	⑥ 결과보고 및 정산서 제출	연수결과보고(성과지표, 연수내 용 등), 정산서(증빙 등)	발주처 협의
	⑦ 경비 정산 및 사업비 지급	경비 정산결과 회신(회계법인), 사업비 지급(최종)	

출처: 저자 편집

1. 연수시기 협의

한국에 들어오는 초청연수의 경우, 먼저 연수시기를 협의하여야 한다. 연수 시행기관에서 몇 가지 안을 짜서 코이카를 통해 수원기관에 제안한다. 프로젝트에 포함된 사업연수의 경우에는 PMC를 통해서 수원기관과 협의를 진행하면 된다.

연수 시행기관에서는 국내 공휴일, 현장견학지 일정을 감안할 뿐만 아니라, 수원국의 종교적(이슬람 국가는 4~5월 라마단 기간) · 문화적(국가별 공휴일은 재외공관 홈페이지 등 인터넷 검색으로 찾아볼 수 있음, 주말이 금~토요일 경우도 있음) 상황을 고려하여 일정을 수립한다. 연수 시행기관에서 코이카 또는 PMC를 통해 수원국에 제안을 하면 그 외 변수(선거 등 정치

날짜	공휴일
1.1 월	새해 (2024)
1.12 금	베르베르 신년, Yennayer
3.1 금	3.1절
4.10 수	라마단 종료 기념일, Aid El-Fitr (예정)
4.11 목	라마단 종료 기념일, Aid El-Fitr (예정)
5.1 수 6.16 일	근로자의 날 이슬람 희생제, Aid El-Adha (예정)
6.17 월	이슬람 희생제, Aid El-Adha (예정)
6.18 화	이슬람 희생제, Aid El-Adha (예정)
7.5 금	알제리 독립기념일
7.7 일	이슬람 새해, Muharram
7.17 수	이슬람 명절, Achoura

주알제리 한국대사관 휴일안내 / www.oversea.mofa.go.kr

국제개발협력 'ODA 연수' 전문가 되기

적 일정)를 추가로 고려하여 일정을 확정한다. 이렇게 일정 협의가 끝나면 본격적으로 초청연수가 시작된다.

다국가 연수의 경우에는 모든 국가의 일정을 맞추기 어렵다. 해당 국가의 사정에 따라 당해연도에 불참을 하고 차년도에 참여하기도 한다. 따라서 연차별로 참석하는 국가가 달라질 수 있다.

2. 과정안내서(CI, Course Information)

연수시행 일정 협의 후 과정안내서(CI, Course Information)를 작성하여 제출한다. 과정안내서를 수원국(기관)에 전달하고 연수생 선발을 요청해야 한다. 코이카 연수는 연수기관에서 제출한 과정안내서를 코이카 지역사무소를 통하여 수원국(기관)에 전달한다. 연수생 선발이 원활하게 이루어지기 위해서는 과정안내서가 빨리 작성되어야 한다(코이카 연수는 보통 4개월 전에 제출).

과정안내서에는 연수개요(목적, 기간, 인원), **연수내용**(강의, 현장견학 등 모듈, 세부일정), **연수생 준비사항**(국별보고 준비, 액션플랜 또는 PCP 안내) 등의 내용을 담아야 한다. 연수기간 중에 연수생들이 액션플랜을 작성할지 사업제안서(PCP)를 작성할 것인지는 연수 과정의 성격에 따라 연수기관에서 선택할 수 있다. 보통 액션플랜 작성을 많이 한다.

과정안내서 작성 시 수원국에서 요청한 연수사업제안서, 연수 시행기관 공모 시 제출한 제안서 등을 참고하여 작성한다. 과정안내서에서 가장 중요한 것은 연수생 선발기준이다.

연수생 소속 기관, 선발조건(학력, 경력), 성별 비율(코이카에서 제시하는 여성 비율), 언어능력에 대한 조건을 넣고, 최소 연수 시작 1개월 전까지 선발을 요청한다.

과정안내서에서 연수생들에게 요구하는 것이 국별보고서이다. 연수생 선발 이후 연수 시작 최소 2주 전까지 제출 받아야 한다. 제2외국어 과정의 경우(불어, 스페인어 등) 번역을 해서 연수 시작 1주일 이전에는 국별보고 강사들에게 배포해야 하기 때문이다.

코이카 글로벌연수사업은 과정안내서 양식을 사용하여 연수 시작 4개월 전에 제출하도록 하고 있으나, 이 외 사업연수는 코이카 과정안내서 양식을 참고하여 발주기관과 협의하여 작성한다(선발조건, 국별보고 제출 여부 등). 보통 사업연수에는 국별보고 제출, 액션플랜 작성 안내는 생략하기도 한다.

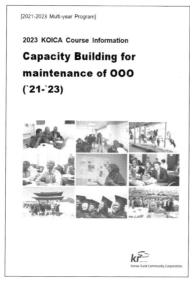
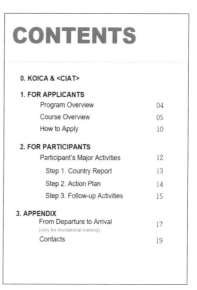

코이카 과정안내서 예시

3. 연수 기획회의, 강사 워크숍

연수계획서 작성에 앞서, 외부 전문가들과 같이 연수 기획회의를 개최하여 자문을 받는다. 연수 과정에서 국별보고, 액션플랜 강사 또는 강의를 하실 분을 자문위원(자문역)으로 초빙하여 연수 추진 방향, 강의 및 견학지에 대하여 의견을 나누는 것이다. 기획회의를 통해 전문가로부터 강의주제 및 강사, 견학지를 추천받거나 섭외를 요청할 수 있다.

아울러, 국별보고 및 액션플랜 방향에 대하여 사전에 협의함으로써 연수운영을 원활하게 할 수 있고, 강사들이 강의 방향을 설정하는 데 도움을 줄 수 있다. 강사들이 해당 분야에 대한 전문성은 있지만, 국별보고 및 액션플랜에 경험이 부족한 경우가 있고, 강의내용이 연수 과정의 목적, 대상자와 맞지 않을 수 있으므로 잘 안내를 해줘야 한다.

보통 국별보고 1회, 액션플랜 3~4회 정도 시간이 배정되므로 강사진 간의 호흡이 중요하다. 보통 주 강사 1명과 보조강사 2~3명으로 구성이 되는데 주 강사가 얼마나 연수에 대하여 이해하고 있는지, 주 강사와 보조강사 간 역할 분담을 잘하는지, 강사들의 전문성을 잘 살릴 수 있는지가 중요하다. 보조강사는 코이카 기준에 따르면 연수생 3~4명당 1명으로 권고하나 보통 5명에 1명으로 운영하였다.

특정 강사가 일방적으로 진행(독점)을 한다거나 시간을 독점하는 경우, 강사들이 지식을 나열(자랑)하고 연수생들에게 일방적으로 지시(지적)하는 경우, 강사들 간의 관계가 깨질 수 있고 연수생들에게 불쾌감을 줄 수 있다. 기획회의를 통하여 연수 담당자가 강사들에게 유의할 점을 잘 안내해 줘야 한다.

연수 담당자가 주 강사를 먼저 섭외하고 주 강사에게 호흡이 잘 맞는 보조강사를 섭외해 달라고 요청하거나, 보조강사를 추천받아서 연수 담당자가 직접 섭외한다. 2023년 네팔 홍수 온라인연수 시 주 강사를 먼저 섭외하고 주 강사를 통해 보조강사를 추천 받았는데 좋은 팀을 이루어 연수를 진행할 수 있었다.

강사님들이 코이카 ODA 사업에 참여 경험이 많은 분이면 좋다. 연수에도 강사들이 팀을 이루어 국별보고 및 액션플랜에 같이 활동하시는 분들이 있는데 호흡이 잘 맞아서 연수성과가 좋다.

4. 연수계획서, 예산내역서, 약정체결

과정안내서(CI)가 작성되면 연수 시행을 위한 연수계획서와 예산내역서를 작성해야 한다. 코이카 글로벌연수사업에서는 연수계획서를 '위탁업무수행계획서'라고 부른다. 그 외 연수에서는 연수계획서, 실시계획서 등 편의에 따라 부르기도 한다.

코이카에서는 과거에 '위탁업무수행계획서'를 먼저 작성하고, 이후에 세부 실행계획 성격의 '실시계획서'를 별도 작성하였으나, 현재는 행정서류 간소화 차원에서 두 개의 계획서를 하나로 통합하여 '위탁업무수행계획서'를 작성하고 있다.

4.1. 코이카 글로벌연수사업

◆ 연수계획서(위탁업무수행계획서)

연수계획서에는 연수추진 목적, 배경, 추진전략(연도별)과 당해 연도 연수에 대한 세부계획(모듈, 세부일정, 강의 정보, 견학지 정보, 강사 정보, 성과평가 기준 등)을 담는다. 코이카 글로벌연수사업에는 국별보고 및 액션플랜(또는 PCP) 계획이 필수요소로 들어간다.

코이카 글로벌연수사업 공모에 선정된 연수는 제안서 심사위원들의 의견서가 있다. 연수 시행기관에서는 1차 연도 계획서 작성 시 심사의견에 대한 반영사항을 넣어야 한다. 또한, 공모 제안서에서 작성했던 내용을 바탕으로 연수계획서를 작성하지만, 필요에 따라 내용을 수정하거나 연수형태(초청연수, 현지연수), 연수대상(고위급, 실무급), 연수횟수(연수

추가)를 변경하여 코이카와 협의할 수 있다.

◆ 예산편성 및 집행

예산내역서는 연수에 필요한 예산을 작성하여 코이카와 협의한다. 코이카 글로벌연수사업은 『글로벌연수사업 길라잡이』의 예산편성 및 집행기준을 사용한다. 연수 시행기관에서 집행하는 예산내역에는 인건비, 제경비, 직접경비(항공료, 숙박비, 식비, 강사료, 통·번역비, 시설 임차료, 교통비 등), 예비비로 구성된다. 세부기준은 매년 변경될 수 있고 매년 코이카에서 연수 시행기관 설명회, 개별 컨설팅을 통하여 안내한다. 초청연수와 현지연수 및 온라인연수 시 예산편성 항목과 기준이 다르므로, 관련 기준을 잘 확인해야 한다.

예산편성 내역에 대하여 코이카(코웍스) 담당자가 검토하여 약정체결을 하나 연수 종료 후 정산서에 대한 회계법인 검토 시 집행내역에 대하여 불인정(반납)액이 발생하는 경우도 있으니 예산 기준에 따라 집행해야 한다.

◆ 약정체결(계약)

연수계획서(위탁업무수행계획서)와 예산내역서 작성이 완료되면, 연수시작 전에 발주기관과 계약을 한다. 코이카 글로벌연수사업에서는 이를 '**약정체결**'이라고 하고, 연수 시작 1개월 이전부터 최소한 1주일 이전에 코이카 전자조달시스템을 통하여 양 기관 간 약정체결(전자서명)을 하게 된다. 여기에 위탁업무수행계획서와 예산내역서를 첨부한다.

2023년 코이카 예산편성 내역

항목			내역
1. 직접인건비			연수 담당자 등 투입인력 인건비
2. 제경비			연수 과정 진행에 필요한 기타 경비
3. 직접경비			
	가. 항공료		연수생 항공료
	나. 여비		연수생 일비, 준비금
	다. 체재비		연수생 및 연수 담당자 숙박비, 식비
	라. 교육경비		
		강사료, 강사여비	강사료, 강사여비
		통역비	통역비
		번역비	번역비
		시설임차료	연수 과정 진행을 위한 회의실 임차
		교통비	공항, 현장견학, 문화탐방 시 버스 임차, KTX 등
		교육활동경비	자료집, 체험비, 시설 입장료, 가이드 비용 등
	마. 친교 행사지원비		연수생 환영 및 환송회 등
	바. 과정성과경비		연수 과정 자문, 기획 및 평가회의 비용 등
4. 예비비			비상 상황 대비 등

출처: 코이카 글로벌연수사업 길라잡이

4.2. 그 외 사업연수

◆ 연수계획서(실시계획서)

연수계획서에는 연수추진 목적, 배경, 연수 세부계획(모듈, 세부일정, 강의 정보, 견학지 정보, 강사 정보, 성과평가 기준 등)이 담긴다. 코이카 글로벌연수사업과 달리 발주기관과 협의에 따라 국별보고 또는 액션플랜이 생략되기도 한다. 연수계획서(실시계획서) 작성이 완료되면 발주기관에 제출하고 연수계획에 대한 승인을 받는다.

◆ 예산편성 및 집행

코이카 글로벌연수사업 이외 연수(EDCF 차관 사업연수 등)에서는 발주기관에서 별도로 연수사업에 대한 기준이 없는 한, 대부분 코이카 예산편성기준을 준용하여 사용하고 있다. 2023년 네팔 수자원 연수는 ADB 사업으로 시행된 연수인데 연수생들에게 지급되는 일비만 ADB 기준을 적용하였고 나머지는 ADB 측과 협의하여 코이카 기준을 준용하여 집행하였다.

코이카 글로벌연수사업에서는 항공료, 보험료를 연수지원기관(코웍스)에서 직접 집행하지만, 그 외 연수의 경우에는 항공료, 보험료를 포함하여 모든 비용을 연수 시행기관에서 집행한다.

연수 종료 후 예산집행내역과 영수증을 첨부하여 정산서를 발주기관에 제출한다. 발주기관에서 정산내역에 대하여 승인을 해 주면 정산이 마무리된다.

◆ 계약

연수계획서(실시계획서), 예산내역서를 발주기관에 제출하여 승인이 완료되면, 공문으로 계약을 체결하고, 연수 시행 이후 결과보고서와 정산서를 제출한다.

5. 연수생 선발

◆ 연수생 선발의 중요성

연수생 선발이 잘되는 것이 연수 과정에서 제일 중요하다. 사업연수의 경우에는 해당 사업에 직간접적으로 참여하고 있는 중앙 및 지방정부 공무원이 연수생으로 참여하게 되므로 연수대상자가 명확하여 어떤 조건의 연수생을 선발할 것인지 고민하지 않아도 된다.

그러나, 코이카 글로벌연수사업과 같이 연수 자체가 목적이 되는 연수사업에서는 적합한 연수생을 선발하는 것이 중요하다. 아무리 좋은 강사와 강의 시설이 있더라도 연수생이 연수 분야와 관련성이 떨어지거나 학습 의지가 없으면 아무 소용이 없기 때문이다.

예를 들면, 농업개발 연수 과정에 비농업 분야의 연수생이 선발되면 연수내용(강의, 견학)에 대한 이해도가 낮아지고 연수에 대한 관심도와 만족도(학업성취도 등)가 낮아지게 된다. 이로 인해 전체 연수생들의 학습 분위기가 저해될 수 있다. 더욱이, 종료 후 연수성과가 해당 분야의 수원국 발전과 연계되기가 힘들다. 단순히 한국에 다녀와서 경험(여행)한 것에 그치게 된다.

◆ 연수생 선발 절차

코이카 글로벌연수사업의 경우, 연수 시행기관에서 과정안내서(CI)를 작성하여 코이카에 제출하면 코이카에서는 코이카 지역사무소를 통하여 수원국의 수원총괄기관을 거쳐 수원기관에 과정안내서(CI)와 함께 연수생 선발을 요청한다.

수원기관에서는 연수생 지원서와 공문을 수원총괄기관을 통해 코이카 지역사무소에 제출한다. 연수생 선발은 인수 시작 1개월 전까지 선발되도록 요청하지만 수원국의 정치적 상황(선거 등), 공휴일(라마단, 국경일 등) 등에 따라 행정처리가 지연되거나 선발이 늦어지는 경우가 빈번하게 발생한다. 따라서, 연수 시행기관에서는 코이카를 통해 수시로 연수생 선발 진행 상황을 확인해야 한다. 연수생 선발이 늦어져서 참여 인원이 줄거나 계획과 다른 기관이 참여하기도 하고 연수 일정이 연기되기도 한다.

다국가 연수의 경우 여러 국가에서 연수생을 선발해야 하므로 선발에 많은 시간이 소요된다. 또한 코이카 지역사무소가 없는 국가의 경우 현지 한국 대사관의 협조를 받아서 진행해야 하므로, 연수생 선발 진행 상황을 확인하는 것도 어렵다.

프로젝트에 포함된 사업연수는 PMC(또는 현지 용역단)를 통해서 수원기관에 과정안내서(CI)를 보내서 연수생 선발을 요청한다. 따라서, 연수생 선발 진행 상황을 PMC를 통해서 확인해야 한다.

◆ 연수생과 연락망 구축

연수 시행기관은 연수생 명단을 받게 되면 지원서에 작성된 연수생의 인적사항(나이, 부서, 직위, 연락처), 담당업무, 주요경력 등을 파악한다. 연수생들과 원활한 소통을 위해 SNS(왓츠앱, 텔레그램 등)를 활용하여 연수생 단체방을 만들어야 한다. 또한, 연수생의 특이사항을 미리 확인해

야 한다. 건강 이상(임산부, 휠체어가 필요한 장애인 등), 식단(이슬람 식단, 채
식주의자, 알레르기 음식 등)을 확인한다.

◆ 연수생 대표의 역할

연수 시작 전에 SNS를 통해 연수 일정과 준비사항을 안내하는 것이
중요하다. 특히, 연수 시행기관 담당자와 긴밀하게 협의하고 연수기간
중에 도움을 받을 수 있는 연수생 대표를 미리 정하는 것이 중요하다.
연수생 대표는 코이카 지역사무소의 담당자(코디네이터)를 통하여 누가
적합한지 상의하여 정하는 것이 좋다. 지역사무소 담당자는 연수생 선
발과 준비 과정에서 이미 연수생들과 소통을 하였기 때문에 누가 적합
한지 잘 알기 때문이다. 다국가 연수의 경우에는 국가별 대표를 정하면
된다.

연수생 대표를 통하여 연수 시작 전 국별보고, 액션플랜을 위한 그룹
을 나누고 국별보고서 작성을 위한 그룹 리더와 주제를 협의하는 것이
필요하다. 수원국에 연수일정, 국별보고서 작성 등 사전준비에 필요한
정보를 담은 과정안내서(CI)를 보냈지만, 연수생들이 준비사항을 꼼꼼
히 챙기지 못할 때가 많기 때문이다.

연수생들이 같은 국가, 기관에서 오기 때문에 서로 잘 알 것으로 생
각할 수 있으나 의외로 연수를 통해서 처음 만나는 연수생들이 많다. 소
속 부서(중앙, 지방), 직종, 직급, 나이가 다르기 때문이다. 그래서, 연수
시행기관 담당자가 임의로 그룹을 정하는 것보다 연수생의 특성을 잘
알고 있는 연수생 대표를 통해 그룹을 정하는 것이 좋다.

국제개발협력 'ODA 연수' 전문가 되기

| 코이카 연수생 선발 절차 | 코이카 연수생 지원서 양식 |

◆ 연수생 중복 참석

코이카 글로벌연수사업은 특별한 경우를 제외하고 최근 3년 이내에 연수에 참여했던 연수생을 다시 선발할 수 없다. 코로나 시기에 온라인으로 시행되다가 2023년 본격적으로 초청연수가 시작되면서 1차 또는 2차 연도에 온라인으로만 참석했던 연수생들을 초청할 기회가 생겼다. 2023년 기준으로 선발인원의 일부를 기존 온라인연수 참석자를 중복으로 선발할 수 있도록 해 줬기 때문이다. 온라인연수 참석자들이 초청연수에 참여하므로 국별보고, 액션플랜 등 코이카 연수에 대한 이해도가 높아 연수생 전체 분위기를 잘 이끌어 가는 장점이 있었다.

2017년 인도네시아 연수 과정에 참여했던 연수생 중 key person 2명을 지정하여 매년 초청연수에 참여를 시켰다. 코이카 연수에 처음 참석하는 연수생들의 연수 준비를 돕고 연수기간 중에는 연수 진행을 함께 조율하는 등 긍정적인 효과가 있었다. 3차 연도에 현지연수를 시행할 때도 핵심적인 역할을 맡아 줘서 원활하게 연수를 진행할 수 있었다.

2023년 알제리 초청연수에서도 연수생 25명 중 13명이 2021년과 2022년 온라인연수에 참석했던 연수생이었다. 특히, 온라인연수 시 연수생 대표와 그룹 리더를 했던 연수생이 참석해서 연수를 성공적으로 마치는 데 큰 역할을 해 주었다.

6. 국별보고, 액션플랜(또는 PCP)

◆ 연수 단계별 연계성

코이카 글로벌연수사업에서, 국별보고 발표와 액션플랜(또는 PCP) 수립은 필수적인 그룹 활동이다. 연수 과정에서 국별보고와 액션플랜이 어떻게 연계되는지 이해하는 것이 중요하다.

단계별 연계성

단계	내용	의미
1	국별보고	**국별보고**를 통해 수원국의 현황과 문제를 파악한다.
2	강의, 현장견학	연수 과정의 **강의와 현장견학**을 통하여 수원국의 문제점 해결을 위한 아이디어(정책적·기술적)를 발굴한다.
3	액션플랜	연수생이 **액션플랜**을 통해서 문제 해결을 위한 정책, 사업의 실행방안을 수립한다.
4	성과공유 및 실행	연수종료 후, 습득된 지식과 액션플랜을 수원국의 **정책, 기술에 적용**하고 신규 PCP를 발굴하여 사업화한다. 아울러, 연수 성과를 수원기관에 전파하여 **조직성과**로 확산시킨다.

출처: 저자 작성

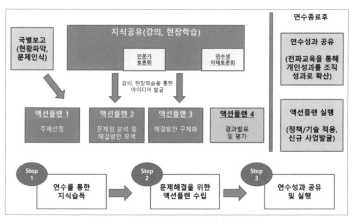

국별보고와 액션플랜 개념도 / 저자 작성

◆ 작성 안내

코이카 글로벌연수사업의 과정안내서(CI)에서 국별보고서 제출과 액션플랜 작성에 대하여 사전 안내를 한다. 그외 연수에서는 발주기관과 협의하여 국별보고 또는 액션플랜(또는 PCP) 작성을 생략하기도 한다.

코이카에서는 액션플랜 또는 사업제안서(PCP) 작성을 선택하도록 하지만 대체로 액션플랜을 수립한다. PCP는 연수를 통해 새로운 국별 협력사업을 발굴하기 위한 목적으로, 코이카 양식에 따라 사업제안서를 작성하는 것이다.

액션플랜의 궁극적인 목적은 수원국에 필요한 사업화를 지원하기 위한 것이다. 따라서, 1~3차 연도 모든 연수과정에 액션플랜을 작성하지 않고, 3차 연도 마지막에는 1~2차 연도의 액션플랜을 바탕으로 실제 사업으로 연계가 될수 있도록 PCP를 작성하게 할 수 있다. 3차 연도에 현지연수를 할 수 있다면, 현지연수에 참석하는 수원국의 고위급이 참석한 자리에서 PCP를 발표함으로써 의사결정권자들의 지원을 이끌어 낼 수 있는 장점이 있다.

◆ 강사 역할

국별보고와 액션플랜은 한국 전문가들이 자문(컨설팅)을 위해 강사로 참여한다. 국별보고를 통해 어떻게 액션플랜과 연계시킬 것인지 안내를 하고, 액션플랜 주제설정 및 문제점 해결방안에 대하여 자문을 해줘야 한다.

따라서, 강사는 연수주제에 맞는 분야별 전문성뿐만 아니라, 해외사업(ODA 사업)에 대한 경험이 많으면 좋다. 연수생 인원수에 따라 보통 3~4명의 강사가 참여를 하는데, 그중 1명은 액션플랜 전문가가 포함될 필요가 있다. 전문성이 있다 하더라도 어떻게 액션플랜을 작성하고, 사업화와 연계시킬 것인지 컨설팅하는 게 중요하기 때문이다. 액션플랜의 방향성을 잡아줄 전문가가 있어야 한다.

연수과정 중 가장 많은 시간이 투입되므로, 강사들 간의 협업이 중요하다. 특정 강사가 일방적으로 주도(독점)하거나, 연수생을 지시(훈계)하는 것이 되지 않도록 강사들에게 주의점을 잘 안내해야 한다.

6.1. 국별보고(CR, Country Report)

◆ 국별보고는 무엇인가

국별보고는 연수생이 연수 과정의 주제와 관련된 수원국 또는 수원기관의 현황, 문제점을 파악하고 발표하는 데 목적이 있다. 국별보고 발표를 통하여 한국 전문가들이 수원국의 문제점을 이해하고, 문제점 해결을 위한 방안(아이디어)을 컨설팅해 줄 수 있다. 환자가 병원에 가서 문진표를 작성하고 의사와의 면담을 통해 자신이 어디가 아픈지 이야기를 하면서 문제를 공유하고 치료 방향을 상의하는 것과 같은 방식이다.

◆ 국별보고 작성안내

국별보고 준비에 필요한 내용(주제, 분량, 기한, 제출방법 등)은 과정안내서(CI)에 담는다. 연수생이 그룹을 나누고(연수 인원에 따라 3~4개, 그룹당

5명 내외) 제시된 여러 개의 국별보고서 주제 중 하나를 선택하여 최소한 연수 시작 2주일(제2외국어 번역이 필요한 경우 더 일찍)전까지 연수 담당자에게 제출하도록 안내한다.

연수 시작 첫날 국별보고 발표를 2~3시간 정도 진행하기 때문에 한국 전문가와의 질의응답을 고려하여 그룹당 20~30분 정도의 발표 분량이면 적당하다(PPT 20장 내외). 제2외국어로 순차 통역이 진행되는 경우에는 국별보고 발표시간을 3시간은 배정해야 3~4개 그룹의 발표와 질의응답을 할 수가 있다. 국별보고는 대부분 PPT 파일로 받고 있으나 사진 위주로 구성된 경우 정보가 부족하므로, MS-WORD 파일로 받으면 좀 더 많은 정보를 얻을 수 있다.

연수생 선발이 되면, 연수생 대표를 통하여 국별보고 준비사항에 대하여 다시 한번 전달을 하고 그룹 구성, 그룹별 리더 선정, 국별보고 주제 선정(중첩되지 않도록), 제출기한을 협의하는 것이 중요하다.

◆ 다국가 국별보고

단일 국가의 경우 국별보고 주제를 여러 개 제시하여 그룹별로 선택하도록 하였지만, 다국가에서는 동일한 주제를 가지고 여러 국가가 발표하도록 한다.

모든 국가가 발표를 해야 하므로 발표시간이 많이 소요된다. 국가가 5개 이상인 경우 발표시간을 2개의 세션으로 분리하여 발표시키는 것이 좋다. 국가별 발표시간을 조정하더라도 참여한 모든 국가가 발표할 수 있도록 기회를 주어야 한다.

참석한 국가별 보고서를 통하여 동일한 주제에 대한 여러 국가의 현황, 문제점을 공유하고 중장기 국가발전계획 및 추진 중인 사업(정책)에 대하여 학습할 수 있는 좋은 기회가 된다.

국별보고 주제(예시)

단일국가		다국가
단일 기관	여러 기관(지역)	
A분야 현황 및 문제점 B분야 현황 및 문제점 …	A지역(기관) 현황 및 문제점 B지역(기관) 현황 및 문제점 …	A국가 현황 및 문제점 B국가 현황 및 문제점 …

[STEP 1] COUNTRY REPORT

1. WHAT IS A COUNTRY REPORT?

A Country Report is a pre-assignment prepared and submitted by participants before the course starts. Participants analyze their own countries' current issues and challenges as well as circumstances surrounding them, and share the findings with other participants and Korean experts in an effort to provide solutions to the identified problems and issues for their own countries.

2. HOW AND WHAT TO PREPARE

Participants are requested to prepare the Country Report individually or as a group and must submit it by the deadline specified below, so that it can be shared with lecturers before the program starts and also with fellow participants, moderators, discussants and Korean experts during the program in an effort to provide solutions to the identified problems and issues.

By when	**Aug 25, 2023**
In what format	- Microsoft PowerPoint (language: Spanish) - All participants will be divided into 3 groups (about 5 participants per 1 group) before the course starts - Each group will select 1 topic from below
To whom	Program Manager Mr. Sung hee LEE · krc.ieec.lsh@gmail.com
Which contents	**(Subject)** - National plan and strategy of PV Plant - Problem and Issue of PV Plant Project **(Sample contents)** *Chapter 1: Current Status of OOO* *Chapter 2: Current Problems of OOO* *Chapter 3: Future plan of OOO* *Chapter 4: Improvement plan of OOO*

3. COUNTRY REPORT PRESENTATION

Each presentation should take no longer than 15 minutes or so. Use an adequate number of slides, or maximum 20 pages, with consideration of time constraints. Each Country Report presentation will be followed by a question and answer session which includes feedback from Korean experts.

코이카 국별보고서 안내

[STEP 2] ACTION PLAN

1. WHAT IS AN ACTION PLAN?

An Action Plan is intended to help program participants provide alternatives and solutions to the issues and problems that are identified in the Country Report. A good Action Plan entails who will do what, when, and how in detail. Since the Action Plan's feasibility is crucial, participants should thoroughly discuss with their supervisor(s) in advance, whether or not the main topic and direction are viable.

Based on the observations and findings from the lectures and discussions, participants will be asked to create an Action Plan in accordance with the Action Plan Guidelines to be provided. A session for developing and building the Action Plan will be held and the Action Plan guidelines will be provided to participants with instructions on how to formulate concepts and ideas for composing a practical and feasible Action Plan.

■ Note ■
1) Participants joining a second or third year course without attending the previous course or courses are required to review and understand the Action Plans by other participants in such courses or courses in advance.
2) Participants may improve or develop the previous year's Action Plan, or build another Action Plan with a new topic.

2. ACTION PLAN BUILDING PROCESS

1 WORKSHOP	2 LECTURE	3 WORKSHOP	4 WORKSHOP
Country Report Presentation	Action Plan Methodology	Grouping participants Brainstorming Discussing main topic Getting ideas from lectures Consulting with experts (Discussion & Feedback) Finalising Action Plan	**Action Plan Presentation**

- Applying knowledge acquired through lectures and discussions and working on measures to solve the issues or problems identified in the Country Report from various angles
- Building specific solutions as well as an implementation plan together with a moderator during the Action Plan workshop

코이카 액션플랜 안내

6.2. 액션플랜(AP, Action Plan)

◆ 액션플랜은 무엇인가

액션플랜(Action Plan)은 국별보고에서 제시된 문제점을 해결하기 위한 방안을 연수생이 그룹으로 작성하는 것으로 국별보고가 액션플랜 작성에 있어 중요한 기초자료가 된다. 연수 일정 중에서 가장 많은 시간과 강사가 투입되고 연수생 입장에서 가장 부담스러운 활동이다. 따라서, 다른 항목에 비하여 상대적으로 만족도가 낮다. 액션플랜은 코이카 글로벌연수사업의 중요한 가시적 성과 중 하나이지만 보통 다른 사업 연수 및 중앙부처 연수의 경우 액션플랜을 생략하기도 한다.

◆ 액션플랜이 왜 중요한가

ODA 사업의 궁극적인 목적은 수원국의 발전 장애 요인(문제)을 찾고 문제를 스스로 해결할 수 있도록 돕는 것이다. 즉, 물고기를 잡는 법을 가르쳐 주는 것이다. 액션플랜은 국별보고에서 도출된 수원국의 문제점 해결방안을 연수 과정(강의, 현장견학, 토론)을 통해 연수생 스스로 찾아보고 문제 해결을 위한 시범사업, 정책이나 제도개선에 대한 실행계획을 직접 만들어 보는 것이다.

연수 종료 후 연수생들이 작성한 액션플랜을 가지고 수원국(기관)에서 정책 및 제도개선을 한다거나 신규 사업을 추진해 볼 수 있다. 액션플랜을 기반으로 구체적인 사업제안서(PCP)를 작성하여 한국을 포함한 여러 국가의 ODA 유무상 원조사업을 만들 수 있다.

최근 ODA 공여 국가(기관)에서 사업 발굴 시 중요하게 보는 것이

국제개발협력 'ODA 연수' 전문가 되기

'수원국의 수요(Needs)'다. 공여 국가에서 해 주고 싶은 것을 지원하는 게 아니라 수원국이 원하는 것을 지원한다는 것이다. 그러나, 수원국이 원하는 사업을 지원해 주고 싶어도 수원국에서 좋은 사업제안서(필요성, 목적, 사업내용, 사업 추진전략, 기대효과 등)를 작성할 수 없다면 필요한 사업을 발굴할 수 없게 된다. 그런 측면에서 액션플랜은 이러한 사업발굴을 위한 좋은 연습(훈련) 과정이 되는 것이다.

2023년 에콰도르 연수 / 액션플랜 작성

◆ 액션플랜을 어떻게 작성하는가

코이카 글로벌연수사업에서는 액션플랜 양식(템플릿)을 제공하고 있다. 작성양식은 연수생의 능력을 감안하여 변형할 수 있다(SWOT분석, Problem Tree 등). 연수생들이 충분한 작성 시간을 갖도록 액션플랜 시간을 배정하는 것이 필요하다.

액션플랜 작성방법

차수	시간	내용	컨설팅
액션플랜 1차	2~3시간	방법론 강의, 그룹 구성 및 리더지정, 주제 선정	그룹별로 작성하고, 한국 전문가 컨설팅
액션플랜 2차	2~3시간	현황, 문제점 분석, 해결방안 모색, 실행계획 수립(목적, 사업내용, 사업비, 연도별 계획, 기대효과)	
액션플랜 3차	2~3시간		
액션플랜 4차	2~3시간	결과발표	발표내용 리뷰

출처: 저자 작성

액션플랜 1차에서 액션플랜 작성의 목적, 작성방법(양식)을 소개하고 그룹 구성과 리더를 지정한다. 새로운 그룹 구성보다는 국별보고를 작성한 그룹과 리더를 그대로 유지하는 것이 좋다. 대부분 연수생이 액션플랜에 대한 이해도가 낮고 작성에 대한 부담을 크게 느끼므로 1차시에서 과거 작성예시를 보여주면서 충분한 설명을 해 주어야 한다.

액션플랜 작성 포맷은 PPT(슬라이드 20장 내외)이지만 1차에서는 개략적인 작성 방향을 구상할 수 있도록 1장짜리 요약서(outline)를 작성하는 것이 좋다. 요약서에는 작성 주제, 목적, 내용, 기간, 사업비, 효과 등 핵심적인 내용만 우선 작성하고 한국 강사와 협의하여 작성 방향을 정하는 것이다. 바로 PPT 양식에 따라 작성하는 것보다 시간을 줄일 수 있고 효율적이다.

액션플랜 2차와 3차에서는 주어진 PPT 양식에 따라 바로 액션플랜을 작성하는 것이다. 그룹별 또는 주제별로 강사가 작성 방향 및 내용에 대하여 컨설팅을 한다.

연수 과정에 액션플랜 시간이 부족할 경우에는 공식적인 시간 이외에 저녁 시간 또는 주말 시간을 이용하여 작업하도록 안내한다.

액션플랜 1차는 국별보고 다음에 배정하고, 나머지 2차와 3차는 연수기간 중간에 배치한다. 그러나, 액션플랜의 집중도를 높이기 위해서 액션플랜 시간을 연수기간 중간에 배치하지 않고 연수기간 후반부에 4차 최종발표 직전에 1~2일간 집중적으로 운영하는 것도 대안이 될 수 있다. 연수기간 중에 강의, 견학을 통해 얻은 지식을 액션플랜에 반영하는 데 효과적이고 연수생들의 집중도가 높아질 수 있기 때문이다.

액션플랜 4차는 작성된 액션플랜을 최종 발표하는 시간으로서 수료식 직전에 실시한다.

연수생의 역량에 따라 액션플랜 작성이 빠르게 작성되는 경우, 액션플랜 시간을 활용하여 추가적인 강의 또는 강사들과 질의응답(토론회)을 할 수 있다. 또한, 마지막 액션플랜 발표시간에는 발표내용에 대한 평가뿐만 아니라, 실제 개도국에서의 사업사례를 바탕으로, 액션플랜을 어떻게 사업화할 수 있는지 컨설팅해 주는 것이 필요하다.

액션플랜 작성 시 그룹 리더의 역할이 중요하다. 액션플랜은 그룹 활동이므로 그룹 구성원들이 소외되거나 방임하는 사람이 없도록 역할을 잘 분배해 주는 것이 필요하다. 그룹 리더 혼자만 작성하고 나머지 멤버들이 방관할 수 있기 때문이다. 리더가 연수생들에게 chapter별로 역할을 주거나, 통계자료조사를 시키는 등 무임승차자가 없도록 해야 한다.

◆ 다국가(기관) 액션플랜

　단일국가 연수이지만 여러 기관에서 연수를 참석한 경우, 여러 국가가 참석하는 다국가 연수에서 액션플랜 그룹을 단순히 그룹당 5명 내외로 해서 구성하기에 어려움이 있다. 그리고, 국별보고뿐만 아니라 액션플랜 주제 선정 시에도 국가(기관)별 특성과 관심 분야를 고려해야 하므로 임의로 인원수를 배정하기 어렵다. 1개 국가(기관)에서 2~3명이 왔다 하더라도 1개의 그룹으로 만들어서 국별보고와 액션플랜을 수립하도록 하는 것이 효과적이다.

　왜냐하면, 연수 시행기관 담당자 또는 강사들의 지도 편의성만을 고려하여 2개 이상의 국가(기관)를 1개의 그룹으로 배정할 경우, 누가 리더가 될 것인지? 어떤 주제를 선정할 것인지? 혼란(갈등)이 발생할 수 있기 때문이다. 액션플랜으로 어떤 사업을 제안할 경우 본인 국가(지역)를 사업대상으로 하고 싶어 하거나, 그룹 구성원 중 해당 국가(지역)에서 온 연수생이 아닌 경우 참여도가 낮아질 수 있다. 다만, 동일한 주제에 대하여 관심이 있는 국가가 있는 경우 연수생들과 협의하에 1개의 그룹으로 만들어서 액션플랜 작성을 진행할 수 있다.

　다국가 액션플랜의 경우, 비슷한 문제를 가지고 있는 국가들 간에 다양한 해결방안에 대하여 서로 학습할 수 있는 좋은 기회가 된다.

Action Plan(draft outline)

Title		
Objective	- -	
Project activities	- - - - -	
Implementing agency (stakeholder)	- -	Ex ooo center, ooo university
Duration	(yy) ~ (yy)	Ex 2022~2025 (3years)
Budget	Approximately ( ) USD	Ex 5 million USD
Target (Beneficiary area/group)	- -	Ex ooo city, 1,000 households, 500 students
Expected Result	Economic effect: - Social/Technical effect: -	Ex Improvement of Income, Production, Efficiency.... 10%, ooo USD

액션플랜 요약서(outline) / 저자 작성

◆ 액션플랜을 어떻게 활용할 것인가? 사후관리 현장사업

많은 연수생이 액션플랜을 잘 작성하면 한국 정부에서 사업을 시행해 주는지 질문을 많이 한다. 연수생들은 ODA 사업으로 지원해 주기를 희망한다. 그러나, 우수 액션플랜으로 선정되더라도 사업비를 직접

지원해 주는 것은 아니다. 사업발굴을 위한 훈련의 과정일 뿐이다.

다만, 코이카에서는 연수 과정에 대한 종료평가(3개년 연수 과정이면, 3개년 종료 후)를 통해 성과가 좋은 연수 과정에 대하여 '사후관리 현장사업'이라는 형태의 지원사업을 해 주고 있다. 연수 과정의 연수생 만족도 등을 종합하여 매년 20개 내외 연수 과정을 사업대상으로 선정하고 해당 연수 시행기관에 '사후관리 현장사업' 참여에 대한 의향을 조사한다.

사후심화 사업에는 몇 가지 조건이 있다. 2023년 기준으로 사업비는 55천 달러, 사업 기간은 5개월 이내, 사업내용은 기존에 제출된 액션플랜을 중심으로 시행해야 한다. 이러한 조건 때문에 예산 범위 내에서 단기간에 성과를 낼 수 있는 컨설팅, 매뉴얼, 중장기계획 수립 등에 한정할 수밖에 없다. 예를 들어, 교육훈련센터를 짓는 하드웨어적인 사업은 예산과 기간이 부족하기 때문이다.

우수한 액션플랜이라도 당장 사업비를 지원해 준다거나 사업화를 해주는 건 아니지만 수원국의 문제점 해결을 위한 정책과 사업을 발굴해

액션플랜 작성양식

국제개발협력 'ODA 연수' 전문가 되기

보는 과정은 수원국 연수생들에게 유익한 시간이 될 것이다. 연수생들의 액션플랜 작성에 동기부여를 주기 위하여 우수 액션플랜으로 선정된 그룹에게는 수료식 때 상을 주면 좋다.

7. 강의, 현장학습

7.1. 강의

연수 과정의 핵심은 강의와 현장학습이다. 연수계획 수립 시 연차별 연수내용과 모듈을 만들어야 한다. 연수 과정의 성격에 따라 강의(이론)와 현장학습(견학)의 비중을 정한다. 초청연수라 하더라도 사전에 온라인으로 이론 강의를 듣고 한국에 와서는 토론과 현장견학 중심으로 운영할 수 있다. 이런 혼합연수(온라인연수+초청연수)의 경우에는 강의(이론) 비중을 줄이고 토론과 견학 위주로 구성한다.

강의와 견학지를 몇 개로 할 것인지는 연수기간(기간이 짧은 경우에는 현장견학 위주), 제2외국어 통역 여부, 견학지 위치(지방 일정 등), 연수생 직급(고위급은 강의보다 현장견학 선호. 이론 강의보다는 정책 강의 선호), 연수 성격(SOC 관련 연수는 현장견학 선호)에 따라 달라진다. 초청연수의 특성상 대부분 연수생은 강의(이론)보다는 현장견학을 더 선호한다.

◆ 강사 섭외

강사는 해당 분야의 전문성뿐만 아니라 국제개발협력에 대한 이해도가 있는 분을 섭외하는 것이 좋다. 전문적 지식 전달 이외에 수원국의 여건을 감안하여 적용 방안까지 소개해 주는 것이 중요하기 때문이다.

또한, 연수 시행기관 담당자는 강사들에게 모듈과 전체 강의, 견학지 리스트를 공유하고 연수 방향을 안내한다. 강의자료 제출에 앞서, 강의

교안(목차)을 사전에 요청하고 검토하여 강의내용 중복을 방지하고 연수 목적에 부합하는 강의가 될 수 있도록 해야 한다. 연수 기획회의 또는 강사 워크숍을 활용하여 안내하면 좋다. 그럼에도 불구하고 강의내용이 중첩되거나, 연수담당자가 요청한 방향과 다를 경우에는 양해를 구하고 보완을 요청해야 한다. 통역이 있는 경우에는 통역사에게 강의자료를 사전에 제공하여 원활한 통역이 되도록 해야 한다. 통역이 어려운 전문용어가 있는 경우 연수담당자는 강사에게 문의하여 설명을 해 주어야 한다.

강사 섭외 시 강사료 수령 여부, 강사료 상한선(청탁금지법 이외 기관 자체적인 기준)을 확인해야 한다. 강사의 소속 기관마다 강사료를 받는 기준이 다르기 때문이다.

◆ 강의 시 연수 담당자의 역할

실제 강의가 진행될 때에는 연수 시행기관 담당자들이 강의실에 직접 들어가서 강의내용과 연수생들의 질문과 반응을 모니터링하는 것이 필요하다. 그래야 강사의 강의내용, 질의응답에 대한 평가가 가능하고 연수생들의 관심 분야(질문) 및 만족도를 체크할 수 있다. 강사가 질문의 의도를 파악하기 어려울 때 개입하여 도움을 줄 수도 있고, 답변이 충분하지 않으면 담당자가 별도로 확인하여 답을 해 줄 수 있기 때문이다.

모듈과 강의 구성 예시(2주간)

모듈	강의	견학
○○개발의 정책	2~3개	1~2개
○○개발의 설계	2~3개	1~2개
○○개발의 시행	2~3개	1~2개
○○개발의 관리	2~3개	1~2개
계	8~12개	4~8개

일정 구성 예시(2주간)

일차	요일	일정(안)	비고
1	목	입국, OT, 개강식	
2	금	국별보고, 액션플랜 1차, 강의 1개	
3	토	문화탐방	
4	일	자유시간	액션플랜 작성, 학습내용 정리 등
5	월	강의 2~3개	필요시, 현장견학으로 변경
6	화	현장견학 2개	
7	수	강의 2~3개	
8	목	현장견학 2개	필요시, 현장견학으로 변경
9	금	액션플랜 3차, 토론회 1차	토론회(연수생 자체 또는 전문가)
10	토	문화탐방	
11	일	자유시간	액션플랜 작성, 학습내용 정리 등
12	월	강의 2개, 토론회 2차	토론회(연수생 자체 또는 전문가)
13	화	액션플랜 4차, 수료식	
14	수	출국	공식일정 없음

구성(예시): 국별보고 1회, 액션플랜 4회, 강의 7~9개, 견학 4개, 토론회 2회

출처: 저자 작성

7.2. 현장학습

견학(현장학습)은 초청연수에서 중요하다. 연수생들이 가장 원하는 것이기도 하고 강의는 온라인으로 대체할 수 있지만, 견학은 온라인으로 대체하기가 어렵기 때문이다. 실제 현장을 눈으로 보고 견학지 담당

자와 질의응답을 통해 학습하는 효과가 크다.

　연수 시행기관 담당자가 훌륭한 강사를 잘 섭외하는 것만큼이나 좋은 견학지를 찾고 섭외하는 것도 중요하다. 담당자가 아는 만큼 섭외하는 강사와 견학지의 수준이 달라진다. 그러나, 강의를 위한 강사를 섭외하는 것보다 견학지를 찾고 섭외하는 것이 어렵다.

◆　견학지 섭외 애로사항

　연수 주제에 부합하고 연수생들이 원하는 견학지를 찾기도 쉽지 않지만, 찾았다 하더라도 방문을 허락받고 안내를 받기도 어렵다.

---

(1) 위치가 너무 멀어서 동선이 나오지 않는 경우
(2) 방문하고자 하는 날짜에 기관의 다른 일정이 있는 경우(특정 기간에만 방문이 가능한 경우, 특정 요일에만 방문이 되는 경우)
(3) 기관 특성상 외부 방문을 받지 않는 경우(영업기밀 및 보안상 안 되는 경우)
(4) 국가보안시설의 경우 사전에 참석자 인적사항 및 차량정보 등록(예, 발전소 등)
(5) 견학기관의 담당자가 바쁘거나 외부 기관(특히 외국인)의 방문에 부담을 느끼는 경우

　견학지에 좋은 콘텐츠가 있음에도 담당자가 경험이 부족해서 의도한 만큼 충분한 설명이 안 되는 경우도 많이 있다. 어렵게 부탁을 한 입장에서는 아쉬움이 크다. 대부분 담당자분은 강사료 지급과 관계없이 친절하게 잘 안내를 해 주신다.

　견학지를 섭외할 때 연수 시행기관이 정부와 공공기관인 경우 민간기관보다는 섭외가 수월하다. 민간기관보다는 공신력이 있고 기관 간 지속적인 상호 협력이 가능하므로 섭외가 유리하다.

◆ 견학지의 돌발 변수

견학지의 경우 연수 시행기관 담당자가 견학지 담당자에게 연수 과정의 목적, 연수생들의 관심 분야를 사전에 안내를 해 주는 것이 좋다. 또한, 강의보다 현장에서의 변수가 많이 발생하므로 연수 시행기관 담당자가 노련하게 대처하는 것이 필요하다.

> (1) 견학지까지 이동시간이 앞당겨지거나 늦어져서 도착시간이 달라지는 경우
> (2) 견학지에서 질문이 많아서 견학 시간이 지연되는 경우
> (3) 견학지 내에서 연수생의 추가적인 방문 요청이 있는 경우(더 많은 것을 보고 싶어 한다)
> (4) 날씨로 인해 견학지 접근이 어려워지는 경우(눈 또는 비로 실외 견학 불가 등)
> (5) 버스 진입이 되지 않는 경우(대형버스 진입 불가 등)
> (6) 교통편에 문제가 생기는 경우(버스 고장, 기차 지연 등)
> (7) 연수생이 건강상태로 견학지 접근이 어려운 경우(휠체어 이용, 건강문제로 숙소 잔류 등)
> (8) 사전에 받은 자료와 현장에서 설명자료(ppt 등)가 달라지는 경우(통역에 애로발생)

◆ 박람회, 학회 활용

국내에 많은 분야의 박람회, 학회가 개최된다(예, ○○산업 박람회, ○○산업 전시회, ○○학회). 견학을 특정 시설이나 기관으로 한정하지 않고, 박람회 일정을 확인하여 참석하도록 하는 것도 좋은 방법이다. 다양한 기관에서 전시와 홍보 행사를 개최하는데 한자리에서 많은 것을 보고 경험할 수 있는 장점이 있다.

7.3. 실습

이론 강의 이외 연수생들이 직접 실습하는 것도 가능하다. 연수 시행기관의 컴퓨터실에서 프로그램 활용법을 배울 수도 있고 견학지에서

기계 운전과 같이 탑승을 하여 조작하는 법을 배울 수도 있다. 다만, 실습을 위한 장소, 시설이 확보되어야 하고 안전에 유의하여야 한다. 실습 기관에 따라 별도의 강습비를 내기도 한다.

　농업관련 연수 과정에서 농촌체험마을에 방문하여 농산물 수확(딸기 수확 등) 및 만들기(딸기잼 등) 체험을 해 볼 수 있다. 연수생들이 농촌마을 체험을 좋아한다.

　실내에서 기기를 활용하여 실습하는 경우 모든 연수생이 활용할 수 있는 장비가 확보되어야 한다. 소외되는 연수생이 발생하지 않도록 해야 하고 주 강사 이외 보조강사가 투입되어서 연수생들을 도와주어야 한다. 강사가 영어로 지도할 수 있으면 문제가 없지만 안 되는 경우에는 강사 인원수만큼의 통역사가 있어야 원활한 실습이 가능하다.

　실외에서 실습하는 경우에도 충분한 시간을 배정하여 모든 연수생이

2022 탄자니아 연수 / 농업기술센터에서 농기계 실습

실습을 해 볼 수 있도록 준비해야 한다. 기계와 같은 장비를 조작하거나 탑승하여 운전하는 경우 안전사고에 주의하여야 한다. 2022년 탄자니아 연수 시 농업기술센터에서 이양기, 콤바인을 조작하는 실습을 하였는데 연수생의 만족도가 좋았다.

8. 숙소, 식당, 버스, 항공

8.1. 숙소

코이카 글로벌연수사업의 경우 코이카 본사가 있는 코이카 연수센터 (경기도 성남)를 사용할 수 있고, 그 외에는 연수 시행기관이 보유한 숙박 시설이나 외부 숙소를 사용할 수 있다. 지방 일정을 제외하고 서울을 외국인들이 가장 선호한다. 공식 일정 이외에 저녁 시간을 활용하여 편안하게 외부활동을 할 수 있기 때문이다. 특히, 이슬람권 국가인 경우 할랄 식당, 중앙사원의 접근성이 좋기 때문이다.

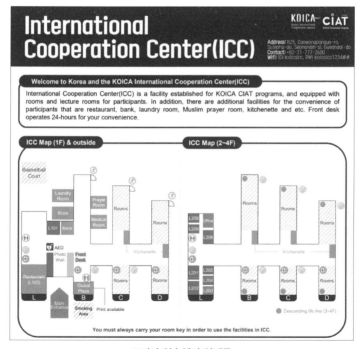

코이카 연수센터 안내문

연수생의 한국 도착이 이른 아침 또는 출발이 늦은 밤 시간인 경우 호텔 측에 Early 체크인 또는 Late 체크아웃을 요청할 수 있다. 또한, 연수생 중 고위급이 있는 경우 객실을 업그레이드할 것인지 확인해야 한다.

연수 담당자도 숙소가 수도권이든 지방이든 같이 숙박하면서 연수생들을 관리해 줘야 한다.

코이카 연수센터는 숙소, 강의실, 식당(할랄 식단 제공)이 잘 구비되어 있고, 인근에 대형 쇼핑몰이 생겨서 이용이 편리하다. 연수 담당자도 신청하면 숙소를 이용할 수 있다.

8.2. 식당

식당은 연수생들의 취향을 고려하여 잘 선택해야 한다. 금강산도 식후경이란 말처럼 식사를 잘해야 연수기간 건강하게 잘 지낼 수 있기 때문이다. 그러나, 국가마다 종교마다 건강상의 이유 또는 개인적인 성향에 따라 식단이 다르므로 메뉴를 정하고 식당을 찾는 일이 쉽지 않다.

이슬람권 국가의 경우 할랄 식단(돼지고기 제외 등)뿐만 아니라 할랄 푸드 인증서까지 요청하는 경우가 있다. 서남아시아 인도, 네팔 등 힌두교에서는 소고기를 먹지 않고, 특정 음식에 알레르기가 있을 수 있고, 채식주의자도 늘어나고 있어 원하는 식단을 맞추기가 어렵다.

따라서, 연수 시작 전에 연수생들의 식단에 대한 특이사항을 파악하는 것이 필요하다. 연수 초기에는 뷔페 레스토랑을 이용하여 연수생들의 취향을 간접적으로 파악하면 도움이 된다. 또한, 경험이 많은 통역사, 가이드를 통해 조언을 구하는 것도 좋다.

국제개발협력 'ODA 연수' 전문가 되기

연수 담당자는 최선을 다해 메뉴를 고민하고 식당을 예약하지만, 까다로운 연수생들은 식사를 잘 하지 않는 경우도 있다. 연수생 전체가 그런 경우에는 바로 원하는 메뉴로 바꿀 수 있지만, 연수생에 따라 식성이 다른 경우에는 누구에게 맞추기가 어렵다. 식사가 어려운 연수생을 위해 다른 식당 찾아서 이중으로 수고를 하는 경우도 있고, 개별적으로 식사를 할 테니 식비를 돈으로 요구하는 경우도 있고, 저녁에 식당(예, 이슬람)을 찾아서 자비로 식사를 해결하는 경우도 있다.

지방에는 이슬람 식당, 뷔페 레스토랑을 찾기가 어렵다. 통역사, 가이드, 호텔 직원을 통해 물어보거나 외국인 방문이 많은 견학지 담당자의 도움을 받기도 한다. 그러나, 뷔페 레스토랑 중에도 음식에 대한 영문 표기가 없는 곳이 많이 있어, 연수 담당자가 일일이 설명해 줘야 할 때도 있다. 특히, 이슬람국가 연수의 경우 음식에 돼지고기 포함 여부를 확인하여 알려주기도 한다. 다행히 코이카 연수센터(경기도 성남)의 식당은 할랄 인증을 받은 식단으로 운영하고 있어 이슬람권 국가 연수생들에게 만족도가 높다.

최근에는 대부분 테이블과 의자가 있는 식당이 많지만, 지방에서는 의자가 없는 식당이 있을 수 있으므로 사전에 확인하여야 한다. 대부분 연수생은 의자가 없는 좌식(일명 양반다리)으로 앉아 식사하는 것을 힘들어한다.

2017년 AARDO(아프리카아시아농촌개발기구) 연수 시 이슬람 국가와 비이슬람 국가가 섞여 있어서 식사 때마다 이슬람 식당과 일반 식당 두 곳을 예약하여 식사를 한 적도 있었다. 비이슬람 국가 연수생들은 왜 이슬람 식당만 가느냐고 불만이 나왔기 때문이다. 다국가 연수는 식사를 맞춰 주는 것이 어렵다.

식비를 연수생들에게 현금으로 지급해 줄 수 있다. 예를 들어, 주말 시간 중 식사를 제공하지 않는 경우에는 연수생 스스로 자유롭게 식사를 하도록 식사비용을 현금으로 준다. 그러나, 일부 연수생들이 식비를 아껴서 귀국할 때 달러로 환전하여 가져가려고 사 먹지 않는 경우가 있다. 과거 식사를 너무 굶어서 건강에 문제가 발생한 사례가 있었다고 하니 너무 많은 일수의 식비를 주는 것은 주의해야 한다.

코이카 연수센터 식당 / 할랄 음식 제공

8.3. 버스

버스는 코이카 글로벌연수사업의 경우 연수지원기관(코웍스)에서 단가계약을 체결한 업체를 지정해 주고 있지만, 계약된 단가 범위 내에서 다른 버스업체를 활용해도 된다.

인원수가 초과하지 않는 한 28인승 리무진 버스를 이용한다. 고위급 경우 12인승 이하 중형버스 또는 리무진 밴을 이용하기도 한다. 최근에는 버스에 무료 와이파이, 충전기까지 갖춰져 있어 편리하게 이용할 수 있다.

다만, 현장 견학, 숙소, 식당으로 이동할 때, 좁은 도로, 터널, 고지대, 경사로 등 도로 사정에 따라 버스 진입이 안 되는 경우도 있으니 견학지, 숙소, 식당 관계자에게 버스 진입이 가능한지 상태를 확인하는 것이 필요하고, 하루 전에 버스 기사님에게 다음 날 일정(주소)을 전달하여 동선과 시간을 체크하도록 하는 것이 좋다. 경험이 많은 기사님들은 이동시간, 도로 사정을 고려하여 잘 운행해 주신다.

2023 알제리 연수 / 28인승 리무진 버스

8.4. 비자, 항공권, 공항, 보험

코이카 글로벌연수사업의 경우 비자발급은 현지 코이카 지역사무소가 하고 항공권, 보험은 연수지원기관(코웍스)을 통해서 처리하므로 연수 시행기관에서 신경 쓰지 않아도 된다. 그 외 사업연수의 경우 연수 시행기관에서 비자발급부터 항공권 예매, 보험가입까지 처리해야 한다.

◆ 비자발급

비자가 필요한 경우(일반여권은 비자가 필요하나, 관용여권은 비자가 면제인 국가가 있음), 발급에 필요한 서류(초청장, 연수계획서 등)를 연수생에게 보내주거나 현지 한국대사관에서 요청하는 서류를 보내주면 된다. 한국대사관에서 연수생의 비자 신청에 대하여 연수 시행기관을 통해 사실 여부를 확인하거나 필요한 서류를 직접 요청하는 경우가 있다.

◆ 항공권과 공항 출발 · 도착 지원

여행사를 통하여 비행기 예약을 하고 정확한 정보를 위하여 여권 사본을 받아서 예약을 진행해야 한다. 지원서에 영문 이름 철자를 틀리게 작성하는 경우, 성과 이름의 순서가 바뀐 경우 등 많은 오류가 발생하므로 여권에 있는 영문 이름을 정확하게 확인해야 한다. 또한, 현지에서 비자발급이 지연 또는 거절되는 경우가 있어서 비자를 받고 발권을 진행하는 것이 안전하다.

한국 도착 및 출발 시 연수 시행기관 담당자가 직접 공항에 나가서 맞이한다. 코이카 글로벌연수사업의 경우에는 인천공항에 설치된 코이카 데스크(코웍스 직원 상주)에서 지원해 준다. 연수생이 개인적 사정으로 따로 입국하거나 출국하는 경우 연수 시행기관 담당자가 다시 나가지 않아도 코이카 데스크를 통해서 지원받을 수 있다.

출국 시에는 반드시 연수시행 담당자(경우에 따라, 코이카 데스크 담당자의 협조를 받아) 연수생의 체크인에서부터 출국장 입장까지 출국수속을 직접 동행하며 확인해야 한다. 연수생이 연수기간 중 또는 연수종료후 공항에서 본국으로 돌아가지 않고 이탈한 사례(취업을 위한 불법 체류 등)가 발생했다고 한다. 이런 경우 코이카 또는 발주기관과 협의하고, 경찰서, 대사관 등의 협조를 받아 대처해야 한다.

인천공항 코이카 데스크

항공편 상황에 따라 당초 예정된 공항 도착시간보다 빨리 또는 늦게 도착할 수 있으므로 반드시 인천공항 홈페이지를 통하여 도착시간을 확인하는 것이 필요하다. 따라서, 공항 도착 시 미팅 장소를(코이카 연수는 코이카 데스크) 알려주고 입국수속이 빨리 된 경우, 연수 담당자를 기다리도록 안내하면 좋다. 또한, 출발 항공편이 지연 또는 취소(다음 날 비행기)되는 경우도 있다. 항공권 예매 시 연수 시행기관 담당자의 전화번호를 등록하여 항공사로부터 직접 안내를 받을 수 있도록 조치하는 것이 필요하다. 연수생들에게만 직접 연락이 가는 경우 연수 시행기관 담당자가 몰라서 대처가 늦어지기도 한다. 2023년 네팔 수자원 연수 시 연수생들이 항공편 변경사항을 먼저 연락받고 알려준 적이 있다.

출국할 때는 무료로 부칠 수 있는 수화물 무게를 확인하고 숙소에서 출발 전에 짐을 정리하는 것이 필요하다. 특히, 화장품 등은 액체류이므로 반드시 기내 가방이 아닌 수화물로 부쳐야 한다. 만약 실수로 가지고 있다가 출국 수속 검색대에서 발견되었을 경우는 다시 체크인 카운터로 나와서 추가 요금을 내고 짐을 부친 뒤에 다시 출국수속을 하면 된다.

◆ 보험가입

보험은 코이카 글로벌연수사업의 경우 연수지원기관(코웍스)을 통해 연초에 계약이 체결된 보험사를 통해서 가입하지만 다른 사업연수는 연수 시행기관에서 보험사를 찾아서 보험 가입을 해야 한다. 가능하다면 연수 담당자뿐만 아니라 현장 이동을 하는 통역사, 가이드를 포함하여 가입하면 만일의 사태에 대비할 수 있다. 연수기간 중에 연수생이 아파서 병원을 이용하는 경우 먼저 연수지원기관(코웍스) 담당자에게 병원 이용 사실을 알리고 보험처리를 요청해야 한다. 병원 이용 시 연수 시행기관 담당자가 먼저 집행하고 보험사를 통해 지급받도록 한다. 연수생의 경우 국민건강보험이 적용되지 않으므로 병원비가 비싸다.

◆ 고위급 출발 · 도착

연수생 중 고위급(차관급 이상)이 있는 경우와 특별히 요청이 있는 경우 항공권은 비즈니스로 예매한다. 장관급 이상인 경우 입출국 시 인천공항 귀빈실 이용 및 별도 게이트(Fast track, Double door 서비스)를 이용할 수 있는데 연수 시행기관에서 외교부를 통하여 인천공항에 협조 요청을 해야 한다. 고위급이 있는 경우 보통 해당 국가의 대사관에서도 일정을 챙기므로 대사 또는 대사관 직원이 공항까지 영접을 나오고 대사관에서 직접 외교부에 귀빈실 이용 등 협조 요청을 하는 경우도 있다.

외교부 승인을 받으면 연수 시행기관 담당자가 공항의 비행기 도착 또는 출발 게이트까지 직접 들어가서 고위급을 안내하고 귀빈실을 이용할 수 있고 출발 시에는 항공사에 요청하여 연수 시행기관 담당자가 대리 체크인을 할 수 있다.

9. 통 · 번역사

통 · 번역이 필요한 경우 연수지원기관(코웍스)을 통해 코이카에 등록된 통 · 번역사를 소개받거나 연수 시행기관에서 직접 섭외하기도 한다. 연수시행기관은 동일한 주제의 연수과정에 참여한 경험이 풍부한 섹터별 전문 통번역사풀을 가지고 있기 때문이다. 수요가 많은 영어, 불어, 스페인어, 러시아어, 아랍어 등은 통 · 번역대학원 졸업자를 활용하고, 그외 특수 외국어는 현지 대학을 졸업한 분들을 활용하기도 한다.

현장 견학지 기관에서 별도로 통역서비스를 제공해 주는 경우가 있으니, 기관과 협의하여 전문 통역서비스를 받는 것이 좋다.

연수의 내용이 전문적인 분야이기 때문에 전문용어를 이해하고 전달하는 것이 어렵다. 해당 분야에 대한 통 · 번역 경험이 있는 분을 섭외하는 것이 좋고 3개년 연수의 경우 연속적으로 활용하는 것이 좋다. 또한, 강의 발표자료를 번역하신 분이 강의 통역까지 직접 해 주는 것이 좋다. 다만, 액션플랜의 경우 그룹별 활동이므로 통역사를 그룹별로 배치하면 효과적이겠으나 현실적으로는 2~3명 이상의 통역사를 배치하는 것은 어려움이 있다.

강의자료가 영어로 만들어진 경우, 불어와 스페인어가 아니면 특수 외국어는 강의자료를 따로 번역하지 않고 영어 PPT로 화면에 띄우고 강의만 통역하는 경우도 있다.

영어로 통 · 번역을 하는 경우에는 연수 담당자가 해당 분야 전문가이면서 영어가 되면 전문용어의 번역 및 통역에 오류가 있는 경우 교정이 가능하지만, 그 외 외국어(불어, 스페인어 등)는 오류를 잡아주기 어렵다.

　많은 연수과정을 담당하면서 통번역사의 역할이 중요하다는 것을 느낀다. 아무리 좋은 강의(견학지) 내용이어도 제대로 통번역이 되지 않는다면 무용지물이기 때문이다. 연수의 성패를 가를 수 있을 만큼 중요하다. 연수과정을 진행하면서 한국말로도 설명(이해)하기 어려운 내용을 능숙하게 실시간으로 순차 통역을 하는 모습이 존경스러울 때가 많다. 통역이 잘 되고 있는지는 연수생들의 반응을 보면 금방 알 수 있다. 통역이 잘 되면 질문도 많아지고 연수 만족도가 높아진다.

　특수 외국어는 전문 통·번역사를 찾기가 어려웠으나, 최근에는 한국에 거주하는 외국인(유학생, 이주여성 등)들이 늘어나면서 전문 통·번역사로 활동하는 경우가 많이 있다. 다만, 연수와 같은 전문적인 통역이 필요한 경우에는 통역사 섭외 시 주의를 해야 한다.

　과거 연수과정에서 별도 미팅을 위해 한국에 거주하는 이주여성을 통역사로 섭외하였는데 기술적인 용어에 대한 통역이 불가능하여 통역 없이 영어로 진행하기도 하였다.

10. 문화탐방, 가이드

문화탐방은 주말 시간을 활용하여 한국의 문화와 역사, 발전된 모습을 보여줌으로써 한국에 대한 인식을 높이고 홍보하는 데 중요한 역할을 한다. 예전에는 문화탐방 이외에 '산업 시찰'을 연수기간에 공식 일정에 넣어서 자동차, 조선소, 제철소 등 한국을 대표하는 산업현장을 보여주도록 하였다. 최근에는 산업 시찰이 없어져서 한국의 발전된 산업을 보여주지 못하는 아쉬움이 있다.

◆ 가이드 배정

가이드는 문화탐방 시 활용하게 되는데 한국 문화가 전 세계에 알려지면서 한국을 방문하는 외국인들이 늘어나고 있고 특수 외국어를 구사할 수 있는 관광 가이드가 많이 늘어났다. 전문용어를 통역하는 것이 아니므로, 관광 가이드를 찾는 데 어려움은 없다.

연수 지원기관(코웍스)을 통해 문화탐방을 위한 가이드를 배정받아도 되고, 연수 시행기관에서 가지고 있는 인력 풀에서 섭외해도 된다. 강의 및 현장견학 등 공식 언어는 영어로 진행하더라도 가이드는 해당 국가 언어 가이드를 섭외하는 것이 좋다. 2023년 인도네시아 연수의 강의와 견학은 영어로 진행하였지만, 문화탐방을 인도네시아어 가이드를 섭외하여 만족도가 높았다.

◆ 일정협의

가이드에게 해당 문화탐방 일자와 입장료, 식비 예산 한도를 알려주고 연수생들이 원하는 것이 있으면 의견을 받아서 전달해 주면 된다.

경험이 많은 가이드는 주말 교통 상황(주말 집회 일정), 주차가 편한 곳, 이동 동선(견학지, 식당), 견학지 입장 시간(경복궁 수문장 교대식 시간 등), 단체입장료, 식당 등을 잘 알기 때문에 일정표를 부탁하고 특별히 추가할 일정이 있으면 요청하면 된다.

문화탐방 일정은 당일 날씨, 교통 상황, 연수생의 컨디션에 따라 일정이 변할 수 있다. 갑자기 비가 오거나 교통사고 또는 집회로 인하여 교통체증이 발생하는 경우, 연수생들의 도보 이동(문화탐방은 걷는 시간이 많음)이 어려울 경우 전체적인 진행 일정이 지연되거나 일정을 단축해야 하는 상황이 자주 발생한다. 그때마다 유연하게 대처하는 게 중요하다.

문화탐방은 연수 담당자들이 동행하지 않고 가이드에게 전적으로 맡기는 경우도 있다. 그러나, 연수 담당자가 문화탐방 일정에 동행하면서 연수생들과 친밀도를 높일 수 있으므로 가능하다면 같이 동행하는 것이 좋다.

◆ 하고 싶은 것이 많다

한국 드라마, 음악 등을 통해 한국에 대한 관심도가 높아진 만큼 한국에 오기 전부터 가고 싶은 곳, 먹고 싶은 음식, 사고 싶은(부탁받은) 물건 등을 조사해서 오는 연수생들이 많다. 특히, 한국 드라마에서 보았던 음식이나 장소를 가보고 싶어 하는 분들도 많고 한국에 온다고 하니 직장 동료, 가족들로부터 선물을 주문받아 오는 경우도 많다.

가고 싶은(알고 있는) **장소**는 명동, 경복궁, 용산(전자상가), 이태원, 강남(스타일), 남산 서울타워, 남대문, 동대문, 롯데서울스카이(롯데월드타워) 등이다. 서울을 벗어나면 부산, 제주, 남이섬, 통일전망대(DMZ)에 가고 싶어 하는 분들도 있다. 실제 2023년 인도네시아 연수생들은 일요일 자유시간을 이용하여 연수생끼리 차량을 빌려서 남이섬을 다녀오고 KTX를 예매해서 부산을 다녀오기도 하였다.

　한국에 일하러 온 외국인 근로자, 공부하러 온 유학생, 결혼하여 이주한 외국인들이 많이 있다. 연수생 중에 한국에 있는 지인들과 연락이 되어 일요일 자유시간에 만나서 별도로 시간을 보내는 분들도 있다.

　먹고 싶은(알고 있는) **음식**은 삼계탕, 떡볶이, 불고기, 갈비, 삼겹살, 비빔밥, 통닭, 김밥 등이다. 대체로 삼계탕은 무난하게 즐겨 먹을 수 있는 음식이다. 문화탐방뿐만 아니라 연수기간 중에도 연수생들에게 먹고 싶은 한국 음식을 물어보고 맞춰 주는 것도 좋다. 연수 담당자 입장에서는 잘 대접하고 싶은 마음에 비싸고 좋은 식당을 찾게 마련인데 너무 음식의 양이 많아서 부담스러워할 때가 많다. 2017년 인도네시아 연수 시 그날그날 먹고 싶은 음식을 주문받아서 떡볶이, 짜장면집을 찾아다녔는데 만족스러워하였다.

　사고 싶은(부탁받은) **물건**은 화장품(다양한 브랜드), 인삼 제품, 핸드폰(중고폰), 노트북, 장난감, 옷, 신발 등이다. 화장품은 한국에서는 유명하지 않은 브랜드이지만 특정 국가를 대상으로 마케팅에 성공하여 그 나라에서는 유명한 브랜드도 있다. 지인들로부터 브랜드와 모델명까지 사

달라고 요청을 받아서 화장품 가게를 찾아다니며 그 모델만을 찾는 경우도 있었다.

동남아시아에서는 한국의 인삼이 건강에 좋다는 인식이 확산되고, 선물하기에 좋은 제품으로 소문이 났다. 연수생들에게 수료식에 주는 기념품을 인삼제품으로 주기도 하였다.

물건을 살 때 여권정보를 알려주면 세금 환급이 바로 반영되는 경우도 있고 나중에 공항에서 세금 환급기를 통해 처리해야 하는 경우가 있으니 물품 구입 시 여권 정보를 입력하고 영수증을 잘 받아서 챙기도록 해야 한다.

◆ 주의할 점

연수 담당자가 많은 상점이 몰려 있는 특화된 지역(예, 용산 전자상가, 명동 쇼핑 거리, 인사동 전통기념품 거리)을 소개해 줄 수 있으나 특정 가게

2023 인도네시아 연수 / 문화탐방_경복궁

를 추천하는 것은 바람직하지 않다. 여러 상점을 다니면서 품질, 가격 등을 살펴보고 적정한 것을 찾아보도록 해야 한다. 특히 전자제품(스마트폰, 노트북 등)은 다른 곳보다 비싸게 살 수도 있고 추천해 준 가게에서 물건을 구입한 뒤에 하자가 생겼을 때 소개해 준 연수 담당자에게 책임 소재가 생길 수 있기 때문이다. 대가를 받고 소개해 줬다고 오해할 수도 있다. 특정 지역에서 시간을 주고 미팅 장소만 정확히 알려주면 된다.

국제개발협력 'ODA 연수' 전문가 되기

11. 홈비지팅

홈비지팅은 연수생이 한국인 가정에 방문하여 한국 음식, 문화를 경험하는 시간이다. 연수생들에게 특별한 경험이 될 뿐만 아니라, 한국인 가정에서도 외국인을 집으로 초대하고 같이 시간을 보낸다는 것이 특별한 경험이다. 특히, 어린 자녀가 있는 가정에서는 아이들에게도 글로벌 마인드를 키워 줄 수 있는 교육적인 효과도 기대할 수 있다.

코이카 글로벌연수사업의 경우 홈비지팅이 필수요소는 아니었지만, 코로나 이전에는 홈비지팅을 연수 과정에 포함하여 추진하기도 하였다.

한국 가정은 연수 시행기관 직원의 가정, 인근 지자체, 공공기관에서 추천을 받을 수 있다. 홈비지팅 가정에는 식사, 선물비 등으로 사용할 수 있는 예산이 정액으로 지급되었다.

2017년 인도네시아 연수 시 가정당 3~4명 정도 배정을 하였고, 공사 직원 또는 시청의 도움을 받아 희망가정을 추천받았다. 토요일 오후에 숙박 장소에서 개인 승용차를 가지고 와서 연수생을 인솔해서 각 가정으로 출발하였고 저녁 식사 이후 밤 9시 전까지 복귀하도록 안내하였다.

어린 자녀가 있는 가정에서 참여도가 높았고 전통시장을 둘러본다든지, 전통예절관을 방문하여 한복 입기, 다도, 장구 등 전통악기를 배우기도 하였다. 가정에서 식사하고 전통 다과를 먹고 윷놀이를 하였다.

연수 수료식 이후 본국으로 돌아가서 개인별 연락처를 공유하여 왓츠앱, 페이스북 등으로 소식을 나누기도 하였다. 2017년 한국 가정을 방문했던 인도네시아 연수생이 2018년 다른 연수생을 통해 그 가정에 선물을 전달하기도 하였다.

2018 농촌개발 다국가 연수 / 홈비지팅_윷놀이

코로나 이후 초청연수가 본격적으로 시작되었지만, 코이카 글로벌연수사업에서는 홈비지팅이 제외되었다.

그러나, 우리가 해외 출장을 가서 현지 가정을 방문한다는 것이 특별한 경험인 것처럼 연수생들에게도 같은 느낌일 것이다. 한국의 가정을 방문하고 교류하는 것은 가장 친밀한 방법이다. 코이카 연수가 아니더라도 연수 시행기관 자체적으로 홈비지팅을 시행하는 것은 의미가 있다고 생각한다.

12. 토론회(연수생, 전문가)

코이카 글로벌연수사업에서 토론회는 필수요소는 아니지만, 연수생 자체토론회, 한국 강사들과의 전문가 토론회를 연수 일정에 넣을 수 있다. 오랜 경험에 비추어 보면 연수기간 중에 토론회는 꼭 필요하다고 생각한다.

◆ 자체토론회

연수생 자체토론회는 1~2시간 정도 연수생들끼리 연수기간 중에 본인들이 배우고 느낀 점을 서로 나누는 것이다. 같은 기관에서 참석했기 때문에 서로 잘 알고 있을 것으로 생각하지만 의외로 연수를 통해 처음 알게 되는 연수생들도 많다. 또한, 동일 기관이라 하더라도 각자 맡은 업무가 다르기 때문에 연수 과정에서 배우고 느끼는 점이 다를 수 있다. 따라서, 자체토론회를 통하여 연수생들끼리 서로가 느낀 점을 나누고 서로를 이해하는 시간을 갖는 것은 의미가 있다.

자체토론회는 연수생끼리 편안하게 대화(해당 국가의 언어로)를 나눌 수 있도록 연수 담당자는 들어가지 않아도 된다. 연수생 대표에게 좌장을 부탁하고 토론회에서 나온 이야기를 간단히 정리하여 연수 담당자에게 전달해 달라고 요청을 하면 된다.

2017년 인도네시아 NCICD 연수 시 연수생 자체 토론회를 실시하였다. NCICD사업과 관련된 13개 중앙부처에서 연수생들이 참석하였는데, NCICD사업에 대하여 중앙부처마다 역할과 의견이 달랐다. 연수생 자체 토론회를 통하여 연수에서 얻은 교훈과 사업 적용방안 등에 대한 의견을 나누었다. 인도네시아 현지에서도 NCICD라는 하나의 주제를 가지고 이렇게 다양한 기관의 관계자들이 함께하는 것은 힘든 일이다. 2주 동안 연수에 참석하고 의견을 공유하는 것은 매우 귀중한 시간이다. 연수를 마치고 돌아가서 부서 간 소통이 원활해졌다고 한다.

◆ 전문가 토론회

전문가 토론회는 한국 전문가와 연수생들과의 2~3시간 정도 질의응답 중심의 토론시간을 갖는 것이다. 강의와 현장견학에서 질의응답이 충분하지 않다고 느끼는 연수생들이 있을 수 있다. 특히, 연수생들이 연구기관, 대학교에서 온 경우 지적 호기심이 많기 때문에 한국 전문가와의 토론회를 좋아한다.

2023 알제리 연수 / 전문가 토론회

2021년부터 시작된 알제리 태양광 연수는 신재생에너지센터 석박사급 연구원들이 연수생으로 참여하였다. 2022년 연수생들이 전문가 토론회를 요청하여 온라인연수의 액션플랜 시간을 활용하여 질의응답 시간을 가졌다. 이후 2023년 초청연수에서는 공식 일정에 전문가 토론회를 배정하여 활발한 토의시간을 가져서 높은 만족도를 얻었다.

　　연수 공식 일정에서 별도 전문가 토론회를 2~3시간 배정하는 방법도 있고 액션플랜 작성이 계획보다 빨리 완성된 경우 액션플랜 시간을 활용하여 강사들과 질의응답 시간을 갖는 방법도 있다. 어떤 질의응답이 나올지 예측할 수 없으므로 전문가 토론회를 위한 강사는 해당 분야에 대해서 폭넓은 지식을 가진 분이어야 한다. 가급적 사전 질문을 받아서 강사님들이 준비할 수 있도록 하면 효과적으로 진행할 수 있다.

　　2018년 인도네시아 전문가 포럼에서는 질문을 사전에 받아서 한국 전문가들에게 전달하였고, 전문가들이 답변과 참고자료를 준비하여 자세히 설명을 해 주기도 하였다.

13. 홍보, 모니터링, 성과지표, 평가회의

13.1. 홍보

연수에 대하여 홍보하는 방법은 여러 가지가 있다. 연수 시행기관에 홍보부서가 있는 경우 보도자료를 작성하고 언론사에 배포하는 방법이 있고, 그것이 어려운 경우 연수 시행기관의 홈페이지 등을 통해 홍보하는 방법이 있다.

2021 카메룬 연수 / 언론보도_카메룬 트리뷴지

코이카 글로벌연수사업의 경우 현지 코이카 지역사무소의 공식 페이스북에 홍보하는 방법, 현지 언론사를 통해 홍보하는 방법이 있다. 연수생이 소속한 기관의 홈페이지 또는 페이스북을 통해 홍보하는 방법도 있다. 2021년 카메룬, 2022년 알제리, 에콰도르 온라인연수 종료 후 코이카 지역사무소의 협조를 받아 현지 언론사에 홍보를 하였다. 언론사에 따라 별도 홍보비를 요구하는 경우도 있다고 한다.

코이카에서는 연수 종료 후 연수생을 대상으로 에세이 공모를 하는데 이를 활용하여 연수생이 연수 종료 후 연수성과를 알릴 수 있다.

13.2. 모니터링

코이카 글로벌연수사업에서는 연수 시행기관에서 자체적으로 연수 과정을 모니터링한다. 이와 별도로 코이카에서는 인턴 직원을 연수 과정에 배정하여 국별보고, 액션플랜 등을 모니터링한다. 발표내용뿐만 아니라 강사님들의 활동 사항, 연수 시행기관의 운영 상황을 모니터링하여 코이카 연수사업실에 보고한다.

연수 시행기관에서는 모니터링 요원이 배정되면 해당하는 날짜와 장소를 안내해 줘야 하고 만일 변경사항이 있으면 바로 알려줘야 한다. 연수생으로부터 발표자료를 미리 받았을 경우 자료를 모니터링 요원에게 사전 배포해 주면 모니터링하는 데 도움이 된다. 제2외국어인 경우에는 번역된 자료를 보내주면 된다.

온라인연수에는 온라인으로 참석한다. 시차로 인하여 업무시간(오전 9시~오후 6시) 이외에 국별보고와 액션플랜이 진행되는 경우에는 녹화된 영상을 파일로 제공해 주면 된다.

13.3. 성과지표

코이카 글로벌연수사업에서는 연수 과정에 대한 성과지표를 가지고 있다. 학업성취도, 연수생 만족도, 액션플랜 활용도, 기관 고유지표로 구분된다. 이 외 사업연수에서는 학업성취도, 연수생 만족도로 단순화하기도 한다.

◆ 학업 성취도

학업 성취도는 연수생 사전 사후 설문 조사를 통하여 핵심 학습주제(강의)에 대하여 사전에 알고 있던 지식수준과 사후에 향상된 지식수준을 비교 평가하여 학업 성취도를 측정한다. 연수생 선발조건에 따라 관련 분야 업무종사자 또는 전공자를 연수생으로 선발한다. 관련 분야에 대한 사전 지식을 가지고 있는 분들이다(예. 수질측정방법). 따라서, 해당 분야의 전공지식이 아니라 해당 분야와 관련된 한국의 기술에 대한 지식수준을 측정한다(예. 한국의 수질측정방법).

◆ 연수생 만족도

연수생 만족도는 연수 사전 안내부터 연수시설, 연수진행, 연수내용, 통·번역 등 전반적인 만족도를 평가하게 된다. 한국 초청연수에 참석했다는 것만으로도 만족스러우므로 대체로 높은 점수가 나온다. 단, 온라인연수는 교육환경, 통신환경 등 불편사항이 많으므로 연수만족도가 초청연수에 비하여 낮다.

◆ 액션플랜 활용도

액션플랜 활용도는 액션플랜 작성 과정에 대한 만족도 평가인데 연수생 입장에서는 부담스럽기 때문에 대체로 다른 성과지표보다 점수가 낮게 나온다. 특히, 온라인연수에서 액션플랜에 대한 점수가 낮게 나온다. 직접 대면하지 않고, 온라인으로 액션플랜을 지도해야 하는 한계가 있으므로 강사도 힘들지만 연수생들도 불편할 수밖에 없다.

◆ 기관 고유지표

기관 고유지표는 연수제안서 작성 또는 위탁업무수행계획서 작성 시 기관 자체적으로 지표를 제시하면 된다. 예를 들어, 전파교육 실적을 지표로 설정한다면 연수 종료 후 연수생이 소속 기관 직원들에게 전파교육을 실시한 인원수로 성과를 평가할 수 있다.

공사에서는 오래전부터 전파교육실적을 성과지표로 넣어서 연수 종료 후 연수생이 현지에서 강사가 되어 소속 기관의 직원(상사, 동료, 부하)들에게 전파하도록 요구하고 있다. 연수성과가 연수생 개인의 성과로 그치는 것이 아니라 연수생이 소속된 조직의 성과로 더 확산하는 것이 중요하다고 판단하기 때문이다. 운영해 본 결과 당초 목표 인원보다 더 많은 인원에게 전파교육을 실시하였고 효과적이었다. 대면 교육이 어려운 경우에는 온라인으로 전파교육을 실시하기도 하였고, 2021년 카메룬 연수 시 지방공무원이 사업지구인 농촌 마을의 지도자(주민)를 대상으로 전파교육을 실시하기도 하였다.

마지막으로, 코이카의 설문조사와 별개로 연수 시행기관 자체적으로 연수에서 좋았던 점, 부족했던 점, 우수강의, 우수견학지, 향후 개선점 (다음 연도 연수제안사항) 등을 설문 조사를 통해 피드백을 받는 것이 필요하다. 이를 통해 연수생들의 의견을 구체적으로 들을 수 있고 다음 연도 연수계획 시 반영하여 개선해 나갈 수 있다.

2022 에콰도르 온라인연수 / 전파교육

13.4. 평가회의

연수 종료 후 연수에 참여했던 강사들과 함께 연수운영 및 성과에 대하여 전반적으로 평가하는 회의를 개최한다. 연수생 선발, 모듈구성, 성과 등에 대하여 강사들의 시각으로 이를 바라보고 향후 개선방안을 도출해 보는 것이다.

국제개발협력 'ODA 연수' 전문가 되기

2022년 에콰도르 연수 과정 평가회의 시 강사뿐만 아니라 통 · 번역사도 참석하여 통 · 번역 과정의 애로사항 및 연수 진행상 참고해야 할 부분까지 들을 수 있어서 유익하였다.

14. 결과보고, 정산

코이카 글로벌연수사업에서는 연수 종료 후 1개월 이내에 결과보고와 정산서를 제출해야 한다. 결과보고서는 코이카에 직접 제출하지만, 정산서는 코이카에서 지정한 회계법인에 제출하고 회계법인의 검토를 받아 최종 정산금액이 확정된다.

코이카의 예산집행기준에 따라 적정하게 집행이 되었는지 확인하고 기준에 맞지 않는 경우 불인정되기도 한다. 따라서, 매년 달라지는 집행기준을 잘 확인해야 하고 정산항목(실제 사용한 금액으로 정산받는 것), 비정산항목(실제 사용 여부와 상관없이 정액으로 정산받는 것)을 잘 구분하여 제출해야 한다. 정산서 제출 시 증빙서류로 첨부되어야 하는 주요 내역은 숙박비, 식비, 강사료(서명부, 동의서, 원천징수영수증), 통·번역비(지급내역, 산정내역), 교통비(버스임차, KTX) 등이다.

그 외 사업연수의 경우에는 위탁기관(중앙부처, 민간기업 등)이 가지고 있는 기준에 맞춰 정산하면 되지만, 대부분 별도 기준이 없고 코이카 정산기준을 준용하여 사용한다.

15. 연수 성과관리, 사후관리

코이카에서는 글로벌연수사업에 대한 성과관리를 위하여 연수기관, 연수생을 대상으로 설문조사를 실시하는 등 다양한 성과평가를 실시하고 있다. 연수 종료 후 연수성과 및 목표달성 제고를 위한 지원활동을 실시하고 있다.

15.1. 성과관리

설문조사 항목에서 나타나듯이, 코이카 글로벌연수사업에서는 연수 과정을 위한 사전준비에서부터 연수 과정 운영뿐만 아니라, 연수 종료 후 성과제고를 위한 연수생의 노력과 연수기관에서 지속적인 피드백 해 주도록 독려하고 있다. 연수기관에서는 연수가 종료되었다 하더라도 연수생들과의 연락체계(SNS)를 유지하고 필요한 정보를 제공해 주는 노력이 필요하다.

◆ 연수기관 설문조사

코이카에서는 연수기관을 대상으로 연수 과정 종료 후 1개월 후에 연수생 선발 적절성, 연수생 참여도, 연수지원기관의 지원에 대한 설문조사를 실시한다. 연수 과정에 통·번역이 있는 경우에는 통·번역사의 품질, 온라인연수의 경우에는 영상업체에 대한 서비스 만족도를 조사한다.

◆ 연수생 설문조사

연수생 대상 설문조사를 총 3회 실시한다. 연수 시작 전 첫날 연수사
전 설문조사와, 연수 종료 후 마지막 날 연수사후 설문조사를, 연수 종
료 후 3개월 후에 Follow-up 설문조사를 실시한다.

연수 사전조사는 연수생 선발과 사전 안내, 주요 학습내용에 대한 사
전 지식수준을 조사한다. 연수 사후조사는 연수 과정(프로그램, 시설, 강의,
통·번역, 국별보고, 액션플랜 등) 전반에 대한 만족도와 주요 학습내용에

성과관리를 위한 평가항목

응답자	종류	시기	항목
연수기관	연수기관 설문조사	1개월 후 (결과보고 시)	- 연수생 선발 적절성 - 연수생 참여도 - 연수지원기관의 지원 - (통·번역 시) 통·번역 서비스 - (온라인연수 시) 영상업체 서비스
연수생	사전 설문조사	연수 시작 전 (첫날)	- 연수생 신청 및 선발안내 - 주요 학습내용(3개)에 대한 선행수준 - 입국 전 OT 및 안내
연수생	사후 설문조사	연수 종료 후 (마지막 날)	- 연수 과정 운영 만족도(연수 프로그램, 연수 운영, 연수시설) - 연수 교재 및 강사 만족도(통·번역 포함) - 주요 학습내용(3개)에 대한 성취수준 - 국별보고 및 액션플랜 적정성(설계, 효과)
연수생	Follow-up 설문조사	연수 종료 3개월 후	- 현업적용(직무능력 향상, 업무성과 향상, 성 과공유) - 사후지원(심화 과정 제공, 액션플랜 이행 컨 설팅, 현장사업, 동창회, 온라인 네트워크) - 연수성과(인적 역량 강화, 조직 및 제도적 역 량 강화, 파트너십 강화 및 우호협력 증진) - 연수성과 공유를 위한 활동(횟수), 공유실적 (인원) - 연수기관으로부터 추가자료(컨설팅) - 액션플랜 이행 및 업무활용

출처: 코이카 글로벌연수사업 성과관리 매뉴얼 / 저자 편집

국제개발협력 'ODA 연수' 전문가 되기

대한 성취수준(사후 지식수준)을 조사하여 학업 성취도를 평가한다. 마지막, Follow-up 조사는 연수 종료 후 연수성과가 연수생에게 어떤 영향을 주었고, 성과 확산을 위해 어떤 활동을 했는지, 어떤 사후지원을 받았는지를 평가하는 것이다.

15.2. 사후관리

코이카에서는 연수 종료 후 연수성과 및 목표달성에 기여하기 위하여 심화교육, 사후현장사업을 지원하고 있다. 이 외에도 연수생을 위한 동창회 지원, 우수 연수생과 연수기관 발굴을 위한 우수사례(Essay) 공모를 실시하고 있다.

◆ 심화교육

이미 실시한 연수 과정과 연계하여 심화교육을 제공하는 것으로서, 3년 이상 지속된 연수에 한정하여 수원기관의 요청이 있는 경우 실시한다. 건당 1억 원 범위 이내에서 초청, 현지, 온라인연수 등 다양한 형태로 진행이 가능하다.

공사에서는 2013~2015년 3개년간 실시한 '아프리카 농촌종합개발 강사양성' 연수 과정 종료 후, 2017년 심화교육으로 에티오피아 현지연수를 실시한 바 있다.

사후관리 사업종료 및 내용(2023년 기준)

종료	내용
심화교육	대상: 3개년 이상 실시한 연수 예산: 1억 원 형태: 초청, 현지, 온라인연수, 워크숍, 세미나 등 선정: 공모를 통하여 연수기관 선정
사후 현장사업	대상: 전년도 종료된 우수 연수 과정 20개(평가결과 90점 이상) - 예, 3년 차 연수 과정 중 1차 연도 종료된 과정도 가능 예산: 건별 55,000달러 기간: 5개월 이내(연내 결과보고 및 정산 종료) 형태: 연수 과정의 우수 액션플랜을 바탕으로 현장사업 실시 - 단기간 내에 가시적 성과를 도출할 수 있는 사업이어야 함 - 예, 시범사업(제도 개선, 시스템 개선 등), 매뉴얼, 교재개발 등 선정: 우수 연수 과정으로 선정된 해당 연수기관에서 제안서를 작성하여 심사 후 선정

출처: 코이카 글로벌연수사업 길라잡이 / 저자 편집

◆ 사후관리 현장사업

코이카에서 전년도 연수 과정 평가결과 90점 이상인 우수 연수 과정 20개를 사후현장사업 대상으로 선정하고, 해당 연수 과정의 연수기관을 대상으로 공모를 실시한다. 해당 연수기관에서 현장사업 공모에 참여하고자 하는 경우, 연수 과정 중 작성되었던 우수 액션플랜을 바탕으로 제안서를 작성하여 코이카에 제출하고 심사를 거쳐 최종 사업대상으로 선정된다.

사후관리 현장사업의 경우, 주어진 예산과 사업기간에 완료할 수 있는 사업이어야 한다. 따라서, 연수 과정 중 우수 액션플랜의 사업규모와 사업기간이 큰 경우에는 현장사업 참여에 제약이 크기 때문에 사업내용을 조정할 필요가 있다. 예를 들어 액션플랜이 태양광 발전을 위한 품질시험소를 건립하는 것이라면, 사후관리 현장사업에서는 품질시험소 운영을 위한 매뉴얼(시험방법 안내서)을 만드는 것으로 추진해 볼 수 있다.

◆ 우수사례 및 Essay 공모

코이카에서는 연수기관과 연수생을 대상으로 우수사례 공모전을 실시한다. 먼저, 연수기관을 대상으로는 인적 역량 강화(승진, 현업적용), 조직의 정책과 제도적 역량 강화(제도 신규 도입, 조직 전문성 확대) 등 우수사례를 공모한다. 연수를 통하여 연수생 개인과 수원기관 조직의 발전에 대한 기여도를 보는 것이다. 이러한 우수사례를 발굴하기 위해서는 연수기관에서 연수생을 통하여 지속적으로 개인과 조직의 성과를 모니터링해야 한다. 공사는 2019년 코이카 연수사업 성과공유회에서 '인도네시아 NCICD 연수(2017~2019)'를 우수사례로 발표한 바 있다.

연수생을 대상으로는 'Essay 공모전'을 실시하여, 연수를 통한 개인과 조직의 성과 우수사례를 발굴하고 있다. 연수생들이 참여했던 연수 과정에서 얻은 지식을 현업에서 어떻게 활용했는지를 제출하는 것이다. 공사에서 실시한 연수 과정에서는 최근 2명의 연수생이 우수사례로 선정되었다. 연수기간 중에는 두각을 나타내지 않았던 연수생이 복귀 후 연수내용을 잘 활용하여 우수한 현업적용 성과를 만들기도 한다.

연수생	참가 연수 과정(연수기관)	우수사례
르완다 Fidele Biganiro	2019년 르완다 관개 및 농지개발 및 유지관리 역량강화 (한국농어촌공사)	농업인들에게 지식 적용, 수확 후 관리를 위한 건조시설 건설, 농민 생산량 증대
모로코 Maouia Rhadi	2018년 KOICA-AARDO 지속가 능한 농촌개발 역량강화 (한국농어촌공사)	액션플랜을 바탕으로 모로코 농촌 개발을 위하여 2개 주에 프로젝트 시행(생활환경 개선, 소득증대 등)

출처: 코이카 글로벌연수사업 우수사례집 / 저자 편집

코이카 우수사례 공모전, 연수생 Essay 공모전 포스터 / 코이카 홈페이지

◆ 동창회(Alumni Club)

코이카 글로벌연수사업에 참여한 연수생을 대상으로 동창회를 구성
하여, 지역사무소에서 동창회 행사를 개최한다. 지역사무소에서 연수생
들에게 개별적으로 안내를 실시한다.

코이카 알제리 지역사무소 2023년 동창회

제4장

현지연수

---

1. 초청연수와 무엇이 다른가?

현지연수는 한국 연수팀(전문가, 연수 담당자)이 해외 현지에 직접 가서 연수를 시행하는 것이다. 단일국가 연수의 경우에는 해당 국가, 다국가 연수의 경우에는 한 국가를 선택해서 시행한다. 코이카 글로벌연수사업을 비롯하여 대부분의 연수는 한국 초청연수를 하고 있으므로 현지연수를 시행하는 경우는 흔하지 않다.

코이카 글로벌연수사업은 현지 수원국의 사정상 초청연수가 불가능한 경우(비자발급 제한 등), 다년 차 연수의 경우 마지막 연도에 연수를 마무리하는 워크숍 개념으로 현지연수를 수행한다. 그 외 사업연수의 경우 대부분 초청연수를 시행한다. 사업연수에서는 사업내용 중 현지 역량 강화가 있는 경우 PMC에서 현지에 파견을 나가 있는 전문가가 현지 교육을 실시한다. 이것은 한국 전문가가 팀을 꾸려서 가는 현지연수와는 다른 개념이다.

현지연수의 장점은 예산 대비 많은 연수생 참석이 가능하다는 것과 한국 전문가들이 현지 상황을 잘 이해하고 컨설팅을 할 수 있다는 것이다. 단점으로는 코이카 글로벌연수사업의 경우 강사와 연수 담당자 인원수에 제한이 있어 다양한 전문가로 연수팀을 구성하기 어렵고, 해외출장을 가야 하므로 일정이 맞는 전문가 섭외도 어려움이 있다. 2023년 코이카 기준으로 연수기관의 인력 2명을 포함하여 한국 전문가 7명 내외 파견이 가능하다.

또한, 수원국의 열악한 현지 여건을 고려할 때, 행사 장소(호텔), 식당, 견학지, 교통(버스), 통역사 섭외가 어렵다. 코이카 글로벌연수사업의 경우 지역사무소의 지원이 절대적으로 필요하고 연수 시행기관의 해외사무소가 있는 경우 도움을 받을 수 있다. 아울러, 수원기관의 적극적인 협조가 필요하다.

초청연수, 현지연수 장단점

	초청연수	현지연수
장점	· 다양한 강사 참여가 가능함 · 강의, 토론 등 연수 집중도가 높음 · 한국 현장견학, 실습, 경험 등 가능함 · 한국 문화 등 다양한 체험 가능함	· 많은 연수생이 참석 가능함(고위급 참석 등) · 연수생들의 음식, 시차 적응에 어려움이 없음 · 현지 현장견학 등으로 한국 전문가들이 현지 이해도가 높아짐(예, 현지 농촌마을 방문) · 연수 인원 대비 연수예산이 절약됨 · 현지 강사를 섭외할 수 있음
단점	· 연수생 인원, 비자에 제약이 있음 · 연수생들이 시차, 날씨, 건강, 음식 등 외부요인에 영향이 큼	· 기간이 짧음(보통 1주일) · 한국 강사, 연수 담당자 인원수에 제약이 있음(코이카 글로벌연수에는 인원수 제한) · 강사 섭외가 어려움(해외 출장) · 연수담당자의 사전준비가 어려움(호텔, 식당, 차량 예약 등), 돌발 상황 대처가 어려움 · 한국 연수팀들이 음식, 시차, 치안 등 어려움이 발생함(예, 고산지대 고산병 등) · 코이카 지역사무소, 수원기관 등 현지 기관의 도움이 절대적임 · 영어 이외 제2외국어 진행 시 통역 지원 어려움(현지에서 전문 통역사 섭외 어려움)

출처: 저자 작성

2. 일정수립

현지연수의 공식 일정은 보통 1주일(월~금) 일정으로 수립한다. 연수 참석자들이 지방에서 참석하는 분들도 있고 한국 연수팀들도 장기 출장에 어려움이 있기 때문이다. 다만, 연수 담당자는 사전준비를 위해 3~4일 전에 현지에 미리 도착하여 코이카, 수원기관 등 관련 기관과 사전 미팅을 하고 현장 견학지 및 행사장 사전답사를 해야 한다. 공식 일정이 끝난 이후에도 비용정산, 기관 면담 등을 위해 1~2일 이후에 출국한다.

전문가들은 1일 전에 현지에 도착하고 공식 일정이 끝난 뒤에 바로 출국한다. 강사의 사정에 따라 해당 강의가 있는 일자에 맞춰 도착하고 바로 출국하는 경우가 있지만, 연수예산의 효율적 집행을 위해 1명의 강사가 여러 개 강의와 액션플랜 강사까지 맡아 주는 것이 좋다.

연수 일정표(예시)

날짜	연수담당자	전문가(강사)
목	연수담당자 한국 출발, 현지 도착	
금	코이카, 수원기관 면담, 현장 견학지 답사	
토 · 일	행사장, 호텔, 식당 점검	현지 도착
월	개강식, 국별보고, 액션플랜, 강의	
화	강의, 액션플랜	
수	현장견학, 문화행사	공식일정
목	강의, 액션플랜	
금	수료식, 정산, 기관 면담(코이카, 수원기관)	
토	현지 출발	현지 출발
일	한국 도착	

3. 연수진행

3.1. 개강식

보통 월요일 첫날 오전에 개강식을 시작한다. 지방에서 오는 연수생의 경우 전날에 숙소에 도착하여 1박을 하고 오전 개강식에 참여하도록 한다. 코이카 글로벌연수사업의 경우 코이카 사무소장이 참석하고 수원기관의 고위급 관계자(국장급 이상)를 초청하기도 한다.

3.2. 강의, 국별보고, 액션플랜

코이카 글로벌연수사업의 경우 강사로 참여할 수 있는 한국 전문가

2023년 에티오피아 현지연수 / 강의

인원 제한이 있다. 따라서, 5명 내외 적은 인원을 최대한 활용하여 강의, 국별보고, 액션플랜을 진행하여야 한다. 1명의 강사가 최소한 2~3개의 강의를 담당하고 국별보고 및 액션플랜 강사로 참여해야 한다. 초청연수보다 현지연수 강사의 역할이 더욱 중요하고 부담감이 크다.

대안으로서 수원기관에서 현지 전문가를 추천받아 참여시키는 방법이 있다. 실제 2016년 캄보디아 현지연수 시 현지의 농촌개발부 국장을 현지 강사로 섭외하였는데 수원국의 현황을 잘 알고 있으므로 유익한 강의가 될 수 있는 장점이 있었다. 강사료만 지급하면 되므로 항공료 등 예산이 절약될 수 있다.

국별보고 및 액션플랜은 초청연수와 같은 방법으로 연수생을 그룹별로 나눠서 한국 전문가를 지도 강사로 참여시키면 된다. 연수생이 호텔에 숙박하는 경우 공식 일정 이외에도 연수생들이 액션플랜 작성 작업을 진행할 수 있다. 그러나 호텔에 숙박하지 않고 집에서 출퇴근하거나 연수기간 중에 긴급한 업무로 사무실에 다녀오는 경우도 있다.

3.3. 현장견학

현지연수에서 현장견학이 필수코스는 아니지만, 전체 연수 일정을 강의실에서만 진행하는 것보다는 선진지 또는 주요 사업지구를 방문하는 것은 연수성과 제고를 위해 좋다. 견학지는 수원기관에서 대표적으로 추진하는 사업현장을 추천받을 수도 있지만, 연수 시행기관에서 연수 주제와 관련되어 한국에서 ODA 사업을 완료하였거나 시행하고 있는 현장을 섭외할 수 있다.

2023년 에티오피아 현지연수 / 현장견학

　실제 2016년 캄보디아 현지연수 시 KOICA 사업으로 시행된 농촌 개발현장을 방문해서 농촌개발의 성공사례를 공유하는 데 의미가 있었다. 2019년 인도네시아 현지연수 시 자카르타 해안침수 현장과 방조제 보강사업 현장을 방문하여 한국 전문가들이 현지 상황을 이해하는 데 큰 도움이 되었다. 2023년 에티오피아 현지연수 시 KOICA에서 지원해 준 연구소에 방문하여 선진화된 시설을 둘러보고 향후 필요한 사업에 대하여 논의하는 시간을 가졌다.

　현장견학은 연수생들에게도 선진사례를 배울 기회가 되기도 하지만 한국 전문가들도 현지 상황을 이해하고 해결방안을 모색하는 데 도움

이 될 수 있다. 다만, 현지연수 장소를 섭외할 때 안전(치안), 교통 상황
(버스 임차, 도로 사정), 이동 거리(장거리는 피하는 게 좋음), 식당(이동 중에 많
은 인원이 식사해야 함) 등 고려해야 할 사항이 많다.

3.4. 수료식

수료식은 연수 마지막 날 보통 금요일 오전에 시행한다. 지방에서 온
연수생은 오후에 연수를 마치고 집으로 돌아가야 하고 한국 연수팀도
행사 종료 후 비용정산과 관련 기관 협의를 해야 하기 때문이다.

수료식에도 개강식과 마찬가지로 코이카 글로벌연수사업의 경우 코
이카 지역사무소장, 수원기관의 고위급(국장급 이상)이 참석하기도 한다.
또한, 수료식에 앞서 연수생 이외에 수원기관의 직원들이 참석하여 연
수성과 발표회 형식으로 진행하기도 한다. 수료식에 언론 보도를 추진
하고자 할 경우 현지 언론사(방송사)를 초청하기도 한다. 현지 언론 보도
의 경우 언론사에서 홍보비를 요구하는 경우도 있다.

제5장

온라인연수

1. 비대면연수(온라인연수)의 시작

2020년 코로나 19 발생 이후 초등학교부터 대학교까지 ZOOM 등 화상회의 시스템을 활용한 온라인 교육이 시작되었다. 초청연수를 중심으로 이루어졌던 외국인 연수에서도 2020년부터 대면 연수의 대안으로 비대면 연수(온라인연수)를 시작하였다. 온라인연수는 사업연수에서는 드물고 보통 코이카 글로벌연수사업에서 시행하였다.

코이카 글로벌연수사업에서는 2020년 '구글 클래스룸'을 활용하다가 2021년에 코이카에서 온라인 교육플랫폼인 '씨앗온(CIAT-ON)'을 제작하여 시범 활용을 하였고(공사는 2021년 에콰도르 연수에 씨앗온 시범 참여), 2022년부터는 모든 온라인연수에 씨앗온(CIAT-ON)을 도입하여 현재까지 사용하고 있다.

온라인연수를 시작한 초기에는 시스템 활용에 대하여 연수 시행기관뿐만 아니라 연수생들도 익숙하지 않았고, 수원국의 열악한 전기통신 사정으로 연수 진행에 어려움이 많았다. 몇 년 동안 운영하면서 온라인연수의 부정적인 측면만 있는 게 아니라 긍정적인 부분도 있다는 것을 느끼게 되었다. 코로나가 끝나면 없어질 것 같던 온라인연수가 혼합연수(온라인연수+초청연수) 형태로 발전되었고, 코이카 글로벌연수사업의 경우에는 2023년도 1차 연도 연수는 원칙적으로 온라인연수로 시행하도록 하였다.

앞으로도 비대면(온라인) 연수와 대면(초청) 연수의 장점을 살려서 혼합한 형태로 진행될 것으로 보인다. 예를 들어, 초청연수 시행 이전에 기초 또는 이론교육(예, 한국 ○○○의 이해 등)을 온라인으로 실시하고 초청연수 기간 중에는 심화교육 또는 현장견학 위주로 시행하는 등 다양한 혼합방식이 가능하다.

혼합연수(온라인+초청연수) 운영방안

구분	혼합연수	비고
1안	1차 연도는 온라인연수 2차, 3차 연도는 초청연수	· 온라인연수생이 초청연수에 참석 필요
2안	1~3차 연도 공통으로, 온라인으로 사전교육을 먼저 하고, 초청연수 시행	· 온라인 교육으로 기초교육, 이론교육, 연수 사전 OT 등을 실시 · 초청연수에 대한 준비 및 이해도가 높아짐 · 기초 또는 이론교육을 온라인연수로 대체하고, 초청연수 기간 중에 심화학습, 현장견학/실습 등 진행 가능

출처: 저자 작성

2. 대면연수와 무엇이 다른가(장단점)

　외국인 연수에서 2020년부터 비대면 연수(온라인연수)를 시행해 본 결과 대면연수(초청연수)와 다른 점들이 있다. 온라인연수는 연수생 입장에서 인원, 시간과 장소에 대한 제한이 없이 연수 참여가 가능하고 강의 영상이 파일 형태로 존재하기 때문에 사전 · 사후 및 반복 학습이 가능하다는 장점이 있다.

　그러나, 강사와의 활발한 질의응답 및 토론에 어려움이 있고 한국의 견학지를 직접 눈으로 보고 경험할 수 없다는 단점이 있다. 또한, 개도국의 현지 여건상 기자재(PC 등) 및 통신(인터넷 접속), 전기(전력공급) 등 학습 환경이 열악한 곳이 많기 때문에 온라인연수의 성패에 큰 영향을 미친다. 온라인연수가 교육의 격차를 해소해 주는 수단이 되어야 하는데 정보통신의 격차로 인해 아이러니하게 교육 불평등이 발생할 수 있다.

2022년 알제리 온라인연수

초청연수(대면)와 온라인연수(비대면) 장단점

	연수생	연수 시행기관	코이카 (본부, 지역사무소)	수원기관	강사
장점	*개인적·업무적으로 시간이 안 되어 해외 출장(초청연수)이 어려운 경우에도 참여 가능 *건강상 불편이 있어도 참여 가능 *연수내용이 영상, 과업로 남음 (반복 학습, 전과교육 용이)	*행정절차, 준비가 간소함(호텔, 식당, 전항지 예약 등) *정산이 간단함(숙박, 식당 등 증빙 불필요)	*행정절차, 준비 간소함	*업무에 지장 없이 연수참여(일과시간 이후 참여 시)	*언어 부담 없이 강의 가능(자막 삽입) *강사 일정에 맞춰, 강의시간 조율 가능(사전 녹화 시) *장소에 관계없이 강의 참석 가능(실시간 강의 시)
단점 온라인	*업무와 병행하여 참여하는 경우 업무 과중(일과시간 이후 참여 시) *연수에 대한 집중도 낮음 *인터넷, 컴퓨터, 정전 등 외부 학습 환경의 영향이 큼 *현장학습, 전향의 어려움(이론 위주 강의) *학습 외적인 문화체험 등이 불가함(한국문화탐방) *강사와의 실시간 질의응답, 토론이 제한적(비실시간인 경우) *액션플랜 등 그룹 활동이 어려움(차태, 사무실에서 개별적 참여 시) *연수담당자, 강사와의 전달도가 어려움(네트워킹) 형성 어려움	*영상촬영, 실시간 스튜디오 등 외적 환경의 영향 큼(의존도) *시차로 인하여 진행에 피로도가 큼 *연수생과의 친밀도가 낮음 *연수생 학습관리가 어려움(서있은 가능, 실시간 ZOOM 참여 확인 및 독려) *영상촬영, 번역, 영상편집(자막, 더빙) 시간 많이 소요 *씨앗은 셰팅이 어려움(구글 플래스 등에 비하여 복잡) *현지에서 돌발 변수 발생 시 대처 어려움 *연수생 대표, 그룹 리더에 대한 의존도가 높음(비상시 연락)	*연수성과 관리 어려움(성과측정, 만족도 제고 등) <지역사무소> *연수생 선발 어려움(온라인연수 비선호) *현지 집합 교육 시 준비 및 연수 진행 부담(인력 투입) *연수생 일비 지급 등 현지에서 예산집행 *연수중 연수생에 문제 발생 시 지원업무 발생	*업무에 지장이 발생(일과시간 참여시) *연수생 선발 어려움(비선호)	*비실시간 강의는 질의 응답, 토론이 어려움 *실시간 강의는 시차를 맞춰야 함 *통역 시(특히 제3외국어) 시간이 많이 소요됨 *녹화 강의는 강의내용 사후 보완이 불가능(경직성)

국제개발협력 'ODA 연수' 전문가 되기

	연수생	연수 시행기관	코이카 (본부, 지역사무소)	수원기관	강사
요인	*제2외국어 국가는 통역사 없이는 소통이 어려움(SNS 소통이) *연수생의 참여도(선호도)가 낮음 *연수기간이 짧음(10일 내외, 2~3주 불가) *영어에 원활하지 않을 경우, 내용 이해 어려움	*다양한 연수내용 구성에 한계 (현장학습 등) *선발기관 등이 사무실 선발인원이 축소되거나, 연기되는 사례 빈번(통역사, 강사, 스튜디오 일정 조정에 어려움)	*온라인 연수에 비하여 업무가 과중		
장점	*실시간 강의, 질의응답, 토론 가능 *학습 외적인 문화체험 등 가능 *연수담당자, 강사와의 친밀도(네트워크) 형성 *연수 집중도, 참여도가 높음 *액션플랜 등 그룹 활동이 쉬움 *연수생 만족도가 높음 *연수기간을 길게 가능(2~3주)	*연수생과의 친밀도 형성 *다양한 강의, 전화, 토론 등 구성 가능	*연수생과 관리 용이(성 과정, 만족도 제고 등) <지역사무소> *온라인보다 업무 간소	*연수생 선발용이 (선호)	*실시간 강의, 질의응답, 토론 진행 가능 *연수에 니즈에 맞게 강의하면서도 보완 가능 (유연성)
단점	*장시간 비행, 시차로 인한 피로도 높음(시차 적응) *연수기간 중에 건강문제 발생 시, 대처에 어려움	*사전준비에 많은 시간 소요 (숙박, 식당, 전학자) *연수기간 중 진행과 인솔에 따른 체력적 부담이 큼 *연수생 종교 및 식단(이슬람, 채식 등) 고려함 *연수생 건강 및 안전사고 관리 (다치는 경우)	*한국 체류 기간 관리해야 함(문제 발생 시 대처) <지역사무소> *연수생 비자발급, 사전 설명회 실시	*업무 공백 발생 (해외 출장기간에)	*통역 지원이 없는 경우, 강의점에 제한적(영어) *연수 일정에 따라, 강의시간을 맞춰야 함
비고					

출처: 저자 작성

3. 연수구성

3.1. 연수일정

온라인연수의 구성은 보통 공식행사(개강식, 수료식), 강의(녹화, 실시간), 국별(1회), 액션플랜(3~4회), 자체토론회(1~2회)로 구성된다. 특수하게, 온라인연수 기간 중에 현지에서 별도로 수원기관 자체적으로 현장견학 및 강의 일정을 진행한 사례도 있었다(온라인연수 + 현지 자체교육 혼합).

연수 구성(예시)

구분		횟수	회당	시간	방식	비고
공식행사	개강식	1회	1시간	1시간	실시간	
	수료식	1회	1시간	1시간	실시간	
강의	녹화	10회	1~2시간	20시간	녹화	현장견학 포함
	실시간		2시간		실시간	
국별보고		1회	2~3시간	3시간	실시간	
액션플랜		3~4회	2~3시간	12시간	실시간	
자체토론회		1~2회	1~2시간	2시간	실시간	
총				39시간		

◆ 연수기간(일수)

연수기간은 코이카 글로벌연수사업은 보통 10일 내외(주말 제외 시 8일 이내)로 하고 있다. 온라인연수는 현지 사무실, 자택, 집합 장소에서 녹화된 영상 또는 실시간 영상을 보면서 진행하는 것이기 때문에 장기간 하기에는 피로도가 높다.

위 표에 있는 연수시간 39시간은 일반적인 평균 연수기간으로 보면 된다. 연수 과정별 강의 개수와 실시간 통역 여부(특히, 제2외국어)에 따라 강의시간 및 국별, 액션플랜 시간이 달라지므로 전체 시간은 달라질 수 있다.

◆ 연수 일정표

연수 일정표는 연수생들의 피로도를 고려하여 여유 있게 짜기를 권장한다. 연수생뿐만 아니라 연수 담당자와 강사(실시간)들이 시간의 여유를 갖도록 배려해야 한다. 특히, 연수 담당자는 공식적인 연수시간 이외에도 해야 할 일이(CIAT-ON 시스템 관리 등) 많기 때문이다.

연수 일정표(예시)

날짜	공식행사	국별/액션	강의	토론회
1일 차	개강식	국별보고	강의 1	
2일 차		액션 1	강의 2-3	
3일 차		액션 2	강의 4-5	
4일 차			강의 6-7	
주말	-	-	-	-
5일 차		액션 3	강의 8-9	
6일 차			강의 10	토론회
7일 차	수료식	액션 4		

◆ 학습시간

학습시간은 전체 연수시간을 하루에 몇 시간씩 배정할 것인가를 정하는 것이다. 이때 가장 큰 고려사항은 국가별 시차와 실시간 강의 시한국 시간이다.

아시아 국가는 시차에 큰 영향이 없으나 아프리카(-6~9시간)와 남미(-12~-15시간)는 시차를 고려하여 하루에 실제 진행이 가능한 시간을 잡아야 한다. 특히, 실시간으로 진행되는 강의와 국별, 액션플랜 시간은 한국 시간으로 진행이 어려운 시간(00~06시)을 고려하여야 한다.

이런 점을 고려하면 평균적으로 하루 5~6시간 진행하는 것으로 보고 일정을 짜면 된다. 따라서, 주말을 제외하고 6~7일이 가장 적절한 기간이다.

다국가 연수의 경우, 국가별로 시차가 서로 다르기 때문에 실시간 일정을 짜는 데 어려움이 있다. 특히, 아시아와 중동, 아프리카 국가가 함께 참여하는 경우 국가 간 시차가 크고, 공휴일과 주말(금~토 또는 토~일)이 다르기 때문이다.

연수시간 구성(예시)

아프리카 (카메룬) −8시간	한국	구성	남미 (에콰도르) −14시간	한국	구성
09~12시	17~20시	실시간	13~15시	05~07시	녹화 강의
12~13시	20~21시	점심 식사	15~18시	07~10시	실시간
13~16시	21~24시	녹화 강의			

3.2. 연수장소

온라인연수는 보통 사무실, 자택 등 개별장소에서 이루어진다. 보통 자택보다는 인터넷, 전력 사정이 양호한 사무실에서 참가하는 경우가 많다. 그러나, 현지 상황에 따라 교육기관, 호텔 회의실을 임차하여 집합교육으로 진행하는 경우도 있다. 집합교육을 위해 장소 및 장비 임차뿐만 아니라, 연수기간 중에 연수생 출결 관리 등 코이카 현지 지역사무소에서 직원이 상주하여 지원을 해 줘야 가능하다. 교육의 집중력과 효과성 측면에서는 집합교육이 유리하다.

2022년 카메룬 온라인연수 시 호텔 회의실을 임차하여 집합교육으로 실시하였다. 개별교육보다 많은 장점이 있었고, 코이카 지역사무소 직원이 상주하여 출결관리 등 많은 지원을 해 주었기 때문에 가능하였다.

개별교육과 집합교육 장단점

구분	개별교육(사무실, 자택)	집합교육(교육기관, 호텔)
장점	- 지방참석자 참석 가능 - 이동 및 식사 불편 해소	- 연수생 출결 관리 용이 - 인터넷, 전기 조건 양호 - 학습 분위기 조성, 상호 협력 - 국별 · 액션플랜 그룹 활동 용이
단점	- 인터넷, 전기 조건 열악 - 그룹 활동 어려움(리더의 역할 중요) - 공가 미처리 시, 업무중복으로 학습 과로 - 연수생 긴급 상황 시 대처 불가(출결 관리)	- 지방참석자는 숙식 제공 필요 - 연수생 교육지원인력 필요 - 비용(장소, 장비, 식비) 추가 발생

출처: 저자 작성

온라인연수에서 연수생 소속 기관에 공가 처리를 해 주도록 권장하고 있다. 그러나, 소속 기관의 상황에 따라 공가 처리가 되지 않는 경우가 많다. 소속 기관에서는 연수참가에 따른 업무 공백 때문에 공가 처리를 허락하지 않는 것이다. 또한, 온라인연수 참여를 위해서는 자택보다는 사무실이 인터넷 사정이 양호하나 사무실에서 업무를 보지 않고 연수에만 참석한다는 것이 현실적으로 어렵기 때문이다.

사무실의 개인 책상 또는 회의실에서 실시간 연수에 참여하다가도 업무나 회의가 있는 경우 자리를 비우는 경우가 많이 있다. 또 개인 컴퓨터에 문제가 있는 경우에는 1개의 컴퓨터에 여러 명이 앉아서 실시간 세션(강의, 국별, 액션플랜)에 참석하기도 한다.

2022년 에콰도르 온라인연수 시 소속 기관장이 업무시간 중에 참여하는 것을 허락하지 않아, 업무시간을 마치고 사무실에서 늦은 시간까지 연수에 참석하여 많은 어려움이 있었다.

2022년 카메룬 온라인연수 / 집합교육

3.3. 강사섭외

모듈과 강의 구성을 마치면 강의에 맞는 강사진을 구성하여야 한다. 강의 주제는 강사와 협의하면서 달라질 수도 있다.

온라인연수의 경우 사전에 스튜디오에서 녹화촬영을 하는 경우가 많다. 녹화촬영이 익숙하지 않은 강사들은 촬영 중 NG가 많이 발생하였다. 최근에는 온라인 강의가 활성화되면서 많은 강사들이 익숙하게 강의를 하고 있다. 영어 구사력이 좋고 학습자들과 활발한 질의응답 및 토론을 좋아하는 강사들은 실시간 강의를 선호한다.

강사 입장에서 온라인연수의 장단점은 다음과 같다.

장점	- 영어가 능숙하지 않아도 수월하게 강의에 참여할 수 있다 (강의내용 번역 후 자막처리). - 영상 편집으로 강의 시 실수를 줄이고 강의 질을 높일 수 있다.
· 단점	- 대면강의보다 훨씬 많은 양의 강의자료를 준비해야 한다 (비대면 1시간 = 대면 2시간). - 연수생들의 반응을 살피고, 실시간 질의응답을 못 한다.

온라인연수의 장점이 연수생이 언제 어디서든 연수에 참석할 수 있다는 장점이 있는 것처럼 강사들도 언제 어디서든 강의를 할 수 있다는 것이 장점이다. 강사가 지방 또는 해외 출장을 갈 때도 실시간 강의 또는 실시간 세션에 참석할 수 있다. 또한, 한국 강사뿐만 아니라 현지의 전문가가 온라인 강사로 참여할 수 있다. 2022년 AARDO 연수 시 인도 현지의 강사가 실시간 강의를 하였다. 2022년 알제리 연수 시 해외에 파견 나가 있는 한국인 강사가 온라인으로 참여하였다.

3.4. 사전 OT

사전 OT(오리엔테이션)는 연수 시작 1주일 전에 연수생들에게 연수과정에 대하여 사전 안내를 하는 시간이다. 사전 OT는 연수지원기관(코웍스)에서 진행한다. 코웍스에서 코이카 지역사무소, 연수 시행기관과 일정을 협의하고 연수생들에게 일정을 안내한다.

코웍스에서는 씨앗온(CIAT-ON) 가입 안내, 연수생들이 해야 할 사전 및 사후 설문 조사 방법 안내, 연수생들과의 인터넷 및 실시간 화상 시스템(ZOOM) 연결 상태를 체크한다. 연수 시행기관에서는 연수 일정에 대한 안내, 씨앗온(CIAT-ON) 활용법에 대하여 안내를 한다.

사전 OT는 연수생과의 첫 만남이고 1주일 뒤에는 연수를 시작해야 하므로 중요하다. 따라서 가급적 모든 연수생이 참석하도록 하고 인터넷 연결 상태를 체크하고 연수 시작 전 1주일 동안 준비해야 할 것을 안내한다.

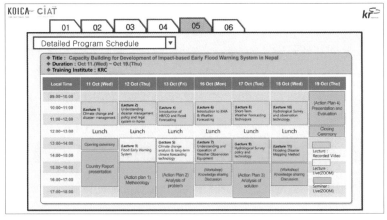

2023년 네팔 온라인연수 / 사전 OT 설명자료

4. 강의 녹화촬영, 실시간 세션

4.1. 강의 녹화촬영

온라인연수는 수원기관과의 협의 및 강사의 여건에 따라 녹화 강의와 실시간 강의 비중을 정한다. 모든 과정을 실시간으로 진행하면 현지와의 시차를 고려할 때 현실적인 어려움이 있고 연수시간이 늘어나게 된다. 녹화 1시간을 실시간으로 하면 2시간으로 늘어난다.(실시간 질의 응답, 순차통역 등 감안) 그러나, 연수 과정에 따라 수원국의 요청으로 전체 강의를 실시간으로 진행하는 경우도 있다. 2022년 AARDO 연수 시 AARDO의 요청에 따라 모든 강의를 실시간으로 진행하기도 하였다.

강의 녹화는 연수 시행기관에서 보유하고 있는 스튜디오를 사용해도 되지만 녹화 및 영상편집 기술 등을 고려할 때 외부 전문업체에 맡겨서 진행한다. 제2외국어 강의는 영상편집 후 자막 또는 더빙을 입혀야 하는데 연수 시행기관에서 하기에 기술적인 어려움이 있다.

코이카에서는 관리하는 영상업체 pool을 받아서 선정해도 되고 전문업체를 찾아서 선정해도 된다. 전문업체 중에 수도권이나 지방에서 오는 강사들의 접근성을 감안하여 장소를 정하면 된다. 코이카에서 정한 촬영단가 범위 내에서 가능한 업체를 선정해야 한다.

코로나로 인하여 온라인연수(교육) 분야가 활성화되면서 전문업체가 많이 생겨났고, 영상 기술수준도 높고 온라인연수를 위한 새로운 시도를 많이 하고 있다.

촬영업체가 선정되면 강사들과 협의하여 촬영 일정을 잡는다. 1시간 분량의 강의 촬영은 NG 발생을 감안하여 여유 있게 2시간을 배정하는 것이 좋다.

강사들에게 촬영에 대한 사전 안내를 해 줘야 한다. 강의 대본(스크립트) 준비, 판서 여부, 강의방법(앉아서 할 것인지, 서서 할 것인지), 강의시간, 강의 장소 및 주차 여부, 복장(무늬 및 색상 주의 사항) 등에 대하여 안내한다. 특히, 복장은 카메라 화면에 지장을 주는 체크무늬 넥타이와 셔츠는 피해야 하고 크로마키를 사용하는 경우 녹색과 파란색 옷은 피해야 한다.

2021년 카메룬 온라인연수 / 강의 녹화

4.2. 현장학습 촬영

온라인연수에서 어려운 것이 현장학습이다. 실내에서 진행되는 강의와 달리 현장학습은 야외에서 촬영해야 하기 때문이다. 야외에서 변수가 많으므로 최종 성과물보다 촬영시간, 인력, 예산이 과다하게 소요된다. 따라서, 신중하게 접근하는 것이 필요하다.

---

(1) 현장에서 스크립트를 보면서 촬영할 수 없으므로 잦은 NG 발생 등 몇 배의 시간이 소요된다. 강사
가 경험이 많거나 사전에 준비를 많이 해야 한다.

(2) 야외 촬영 시 소음, 날씨 등 외부 환경의 영향을 많이 받기 때문에 힘들다. 촬영 당일 날씨로 인해
연기될 수도 있다.

(3) 짧은 영상촬영을 하더라도 이동시간 등을 포함하여 촬영업체, 연수 담당자 등 하루 일정을 투입해
야 한다. 장비임대 및 투입인력 인건비 등 성과물보다 예산이 많이 소요된다.

(4) 최종 성과물의 시간에 비하여 몇 배의 시간이 소요된다. 30분 촬영을 위해 하루의 시간이 소요될 수
있다.

따라서, 신규 촬영보다는 제작된 영상을 번역하여 자막 또는 더빙을
입히거나 강의에 기관 홍보 영상 또는 사업 소개 영상을 삽입하는 방식
이 좋다.

4.3. 실시간 세션

온라인연수에서 실시간으로 진행하는 것은 공식행사(개강식, 수료식),
실시간 강의, 실시간 세미나(국별보고, 액션플랜)이다. 수원국의 현지시각
에 맞춰 한국에서 ZOOM을 이용하여 실시간으로 진행해야 한다. 현재
한국에서는 실시간 회의 시 대부분은 ZOOM을 사용한다.

실시간 일정도 넓은 스튜디오 공간과 조명, 카메라, 모니터 등 전문
장비가 잘 갖춰져 있는 외부 전문업체에서 진행하는 것이 효율적이다.
실시간 진행 시 발생하는 기술적인 문제, 실시간 영상녹화 및 편집 등의
기술적인 지원도 쉽게 받을 수 있기 때문이다.

2022년 카메룬 온라인연수 / 액션플랜 지도

스튜디오 공간은 강사진(3~4명)이 충분히 앉을 수 있는 공간이 확보되어야 하고 통역 지원이 필요한 경우 통역사의 공간이 필요하다. 동시통역으로 진행해야 하는 경우에는 독립된 공간이 필요할 수도 있다.

또한, 실시간 세미나 중 액션플랜은 그룹별로 진행되는 일정이기 때문에 그룹별로 지도 강사를 배치하는 경우에는 분리된 공간에서 강사들이 개별 컴퓨터(노트북)를 활용하여 참여해야 한다. 따라서, 서로 소리에 간섭을 받지 않는 독립된 공간이 필요하니 업체 섭외 시 이를 확인하여야 한다.

실시간 진행은 현지와의 시차를 고려하여 아프리카 지역은 늦은 오후 시간부터 밤 시간까지, 남미 지역은 이른 새벽 시간부터 점심시간까지 진행하게 된다. 따라서, 늦은 밤과 새벽 이른 시간에 영상업체 담당자들의 지원을 원활하게 받을 수 있어야 한다. 밤과 새벽에 진행되므로 연수 담당자, 통역사와 강사들의 접근성 및 안전 등도 고려해야 한다.

실시간 세션에 연수생이 긴급한 업무와 개인 사정으로 참석을 못 하는 경우가 있다. 실시간 강의는 동시에 녹화를 해서 다음 날 녹화영상 파일을 업로드 하면 좋다. 연수생이 늦게라도 강의를 수강할 수 있기 때문이다. 연수생이 반복해서 들을 수도 있다. 이것이 온라인연수의 장점이기도 하다.

5. 통 · 번역

연수대상 국가의 사용언어에 따라서 통 · 번역 과정에 차이가 있다. 특히, 제2외국어의 경우 모든 강의 PPT 번역과 녹화 강의는 자막번역 (더빙), 실시간 강의는 순차 통역이 필수적이다. 강의 녹화를 할 경우와 실시간 강의를 할 경우, 영어일 경우와 제2외국어인 경우를 구분하여 번역과 통역을 진행해야 한다.

5.1. 강의녹화 번역

강의녹화는 연수 시작 전 2~3개월 전에 실시해서 번역에 필요한 시간을 확보해야 한다.

(1) 영어로 진행되는 연수

강의 자료 번역	- 영어 강의 자료가 있는 경우에는 번역 없이 강의하고, 영어 자료가 없는 경우에는 강의 자료를 영어로 번역한다. - 강사가 한글 PPT를 보면서 촬영한 경우에는 번역된 영문 PPT로 영상을 편집한다.
강의 스크립트 번역	- 강사가 영어로 강의를 하는 경우에는 녹화된 영상을 그대로 사용한다. - 한글 또는 영어 PPT를 보면서 우리말로 강의를 한 경우에는 업체에서 강의 영상(음성)을 바탕으로 한글 스크립트를 작성한다. - 이를 번역사에게 의뢰하고 번역된 영문을 자막으로 영상에 삽입한다. - 필요시, 번역된 스크립트를 음성으로 더빙할 수도 있다.

(2) 제2외국어(불어, 스페인어 등)로 진행되는 연수

강의 자료 번역	- 강의 자료를 해당 외국어로 번역한다. - 강사가 한글 PPT를 보면서 촬영한 영상을 외국어 PPT로 편집한다.
강의 스크립트 번역	- 강사는 한글 PPT를 보면서 우리말로 강의를 한다. - 업체에서 강의 영상(음성)을 바탕으로 한글 스크립트를 작성한다. - 이를 번역사에게 의뢰하고 번역된 외국어를 자막으로 영상에 삽입한다. - 필요시, 번역된 스크립트를 음성으로 더빙할 수도 있다.

가능하면 영상에 올바르게 자막 삽입이 되었는지 번역사를 통하여 감수를 받는 것이 필요하다. 자막 삽입을 하는 과정에서 실수로 오탈자가 발생할 수 있는데 영어는 연수 담당자가 찾아낼 수 있지만 제2외국어는 번역사가 아니면 찾아낼 수 없기 때문이다.

(3) 공통사항

번역 시간 및 오류를 최소화하기 위해서는 강사가 사전에 강의 대본(스크립트)을 준비해서 스크립트를 보면서 강의하는 것이 효율적이다.

업체에서 받은 한글 스크립트를 번역사에게 보내기 전에 연수 담당자가 해당 강사에게 문맥 및 오탈자(전문용어, 영어표기)를 검토받고 보내주면 번역의 품질이 올라간다. 업체에서 스크립트 작성 시 소리만을 듣고 작성하다 보면 오탈자가 발생하거나, 강사가 전문용어 또는 영어를 사용하는 경우 발음 나는 대로 옮기는 과정에서 오류가 나는 경우가 많이 있다.

연수생들이 강의내용을 잘 이해할 수 있도록 더빙을 하는 경우가 있다. 기계로 더빙을 하는 경우에는 기술적인 문제로 음향이 매끄럽지 않

을 수 있다. 외국인이 직접 낭독하여 더빙하는 것이 속도와 전달력이 좋지만 비용이 비싼 것이 단점이다.

2021년 카메룬 온라인연수 / 녹화강의

5.2. 실시간 세션 통역

실시간 강의 자료와 스크립트를 강사가 사전에 준비하여 통·번역사가 미리 통역 준비를 할 수 있도록 한다. 실시간 통역 시 강사와 같은 공간에서 순차 통역을 하는 것이 효과적이지만, 불가피하게 강사 또는 통역사가 원거리에 있는 경우에는 서로 떨어진 상태에서 ZOOM에 접속하여 통역할 수 있다. 사전 OT와 같은 짧은 통역은 스튜디오에 오지 않고 ZOOM에 접속하여 통역하는 경우가 많다.

국제개발협력 'ODA 연수' 전문가 되기

(1) 영어로 진행되는 연수

강의 자료 번역	- 강의 자료가 영어로 준비된 경우에는 별도 강의 자료 번역 없이 바로 강의를 시작한다. - 영어로 준비되지 않은 경우에는 강의 자료를 영어로 번역한다.
강의 통역	- 강사는 영어 PPT를 보면서 우리말로 강의를 한다. - 통역사는 순차 통역을 한다. - 강사가 사전에 스크립트를 준비하여 통역사에게 제공하면 원활한 통역 이 될 수 있다.

(2) 제2외국어(불어, 스페인어 등)로 진행되는 연수

강의 자료 번역	- 강의 자료를 해당 외국어로 번역한다. - 강사는 한글 PPT를 보면서 강의를 하지만 연수생들에게 보이는 화면 에는 번역된 PPT가 보이도록 편집한다.
강의 통역	- 강사는 우리말로 강의를 하고 통역사는 순차 통역을 한다.

(3) 공통사항

통역 시간 및 오류를 최소화하기 위해서는 강사가 사전에 강의 대본

2021년 에콰도르 온라인연수 / 실시간 강의

(스크립트)을 준비해서 스크립트를 보면서 강의하는 것이 효율적이다. 강사 스크립트를 통·번역사에게 미리 제공하면 전문용어에 대하여 사전에 준비할 수 있고 원활한 통역이 될 수 있다.

6. 온라인 플랫폼 세팅

연수생들은 온라인연수에 참여하고, 연수 담당자는 연수생 관리를 위해 LMS(교육관리시스템)를 사용하는데 여기에는 구글 클래스룸(Google Classroom)과 씨앗온(CIAT-ON)이 있다. 씨앗온(CIAT-ON)은 코이카에서 자체적으로 개발한 플랫폼이다.

6.1. 구글 클래스룸

온라인연수를 위해 2021년까지는 주로 구글 클래스룸을 활용하여 강의 영상(자료)과 실시간 세미나 ZOOM 링크를 업로드 하여 사용하였다.

연수생들은 구글 지메일 사용비율이 높아 구글 클래스룸 가입과 접근에 큰 어려움은 없었다. 또한, 연수 과정을 일별로 구성하고 강의 영상, 실시간 ZOOM 링크, 시험(퀴즈), 설문 조사 등 사용법이 단순하고 간단하다.

구글 클래스룸 주요 기능

일자	내용	비고
○월 ○일	출석체크	매일 참석 여부
	액션플랜 ○○ 차	ZOOM 링크
	강의 ○○	강의 영상(유튜브 링크) 강의 PPT(PDF) 업로드 강의 퀴즈 업로드

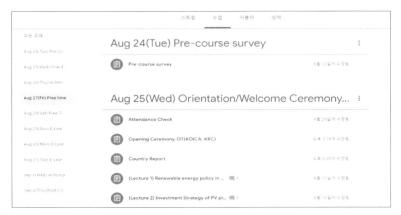

구글 클래스룸 / 2021년 알제리 온라인연수

6.2. 씨앗온(CIAT-ON)

코로나로 비대면 온라인연수가 확대되면서 코이카에서 씨앗온 (CIAT-ON)이란 새로운 LMS 시스템을 개발하여 2021년 10월 공사를 비롯하여 몇 개 기관에서 시범적으로 연수를 시작하였다. 2022년부터 는 모든 코이카 온라인연수에 사용하고 있고 정부 ODA 사업으로 시행 되는 온라인연수에서 사용하도록 권장하고 있다.

씨앗온(CIAT-ON) 시스템을 처음 사용하는 사람들은 메뉴 구성과 사 용법이 어렵게 느껴진다. 그러나, 한번 구성을 해 보면 다음부터는 세팅 이 수월하고 연수 과정의 특성에 맞게 다양한 메뉴를 취사 선택해서 사 용할 수 있다.

연수생 입장에서는 회원가입, 메뉴사용 등이 다소 복잡하고 인터넷 여건이 안 좋은 곳에서는 시스템 접속과 사용에 어려움이 있을 수 있다.

구글 클래스룸과 씨앗온(CIAT-ON) 장단점

구분	구글 클래스룸	씨앗온(CIAT-ON)
장점	- 회원가입 등 접근이 쉽다. - 연수 메뉴 구성이 단순하다. - 연수 자료 세팅이 간편하다.	- 강의수강 시간이 기록된다. - 진도율 관리가 자동으로 된다. - 다양한 기능(수강생 관리, 자료 관리)을 활용할 수 있다.
단점	- 강의수강 시간 등 기록이 없다. - 수동으로 진도율 관리를 해야 한다. - 자료실 관리, 기능이 부족하다.	- 인터넷 부하가 커서 접근이 어렵다. - 연수 메뉴 구성이 복잡하다. - 연수 자료 세팅이 어렵다. - 씨앗온을 통해 수강하지 않으면 수강기록 이 남지 않음(줌 실시간 강의 등).

출처: 저자 작성

씨앗온(CIAT-ON)은 코이카에서 만든 관리자 메뉴얼에 따라 강의, 실시간 세미나(국별, 액션) 등을 구성하고 동영상 링크 및 관련 자료를 업로드 하면 된다. 관리자가 사용할 수 있는 기능은 많이 있지만, 너무 복잡하게 구성할 경우 연수생들이 수강하는 데 어려움이 발생할 수 있고 수강 관리가 복잡할 수 있으므로 연수 과정의 특성을 감안하여 메뉴를 선택하여 사용하도록 한다.

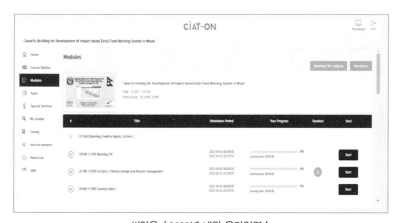

씨앗온 / 2023년 네팔 온라인연수

제2편

연수를 통해 세계를 만나다
(내가 경험한 연수)

내가 경험한 연수(연수를 통해 세계를 만나다)

2012년 가나 연수 강사를 시작으로 ODA 외국인 연수에 첫걸음을 내디뎠다. 2016년 12월 캄보디아 현지연수를 시작으로 본격적인 ODA 외국인 연수업무를 담당하게 되었다.

이후 2023년까지 24개 과정(초청연수 16개, 현지연수 1개, 온라인연수 7개)을 담당하였고 23번의 강사 활동(국내 21번, 해외 현지 강사 2번)을 하였다. 연수생으로 2개 과정에 참여하는 의미 있는 시간도 갖게 되었다. 그동안 참여했던 연수 과정을 통해서 경험하고 느낀 점을 공유하고자 한다.

연수 담당자: 24개 과정

종류	형태	과정명	일자	연수생 (명)	비고
2023		5			
해외처 (용역)	초청	네팔 수자원관리 정보화사업연수	6.11~6.17	20	
일반연수 (KOICA)	초청	에콰도르 태양광 발전소 유지관리 역량강화('21-'23)	7.6~7.15	15	
일반연수 (KOICA)	초청	알제리 태양광 발전 시스템 전문가 양성('21-'23)	9.13~9.26	15	
일반연수 (KOICA)	온라인	네팔 홍수 조기경보시스템 개발 역량강화('23-'25)	10.11~10.19	30	
해외처 (ODA)	초청	인도네시아 농업용수 및 농업생산기반시설 운영관리 역량강화('22-'24)	11.1~11.14	10	
2022		4			
일반연수 (KOICA)	온라인	카메룬 농촌지역 경제사회적 발전을 위한 지역지도자 역량 강화 ('20-'22)	6.7-15	18	
일반연수 (KOICA)	온라인	알제리 태양광 발전 시스템 전문가 양성('21-'23)	7.19~27	20	

종류	형태	과정명	일자	연수생 (명)	비고
일반연수 (KOICA)	온라인	에콰도르 태양광 발전소 유지관리 역량강화('21-'23)	10.18~26	20	
사업연수 (EDCF)	초청	탄자니아 잔지바르 관개시설 건설사업 초청연수	11.16~26	7	
2021		3			
일반연수 (KOICA)	온라인	카메룬 농촌지역 경제사회적 발전을 위한 지역지도자 역량강화 ('20-'22)	6.15~6.22	20	
일반연수 (KOICA)	온라인	알제리 태양광 발전 시스템 전문가 양성('21-'23)	8.25~9.1	13	
일반연수 (KOICA)	온라인	에콰도르 태양광 발전소 유지관리 역량강화('21-'23)	10.26~11.3	22	
2018		7			
일반연수 (KOICA)	초청	인도네시아 수도권통합 해안종합 개발(고위급)('17-'19)	4.8~4.14	13	
일반연수 (KOICA)	초청	인도네시아 수도권통합 해안종합 개발(실무급)('17-'19)	4.22~5.5	17	
학위과정 (KOICA)	초청	농촌개발 역량강화 한경대학교 인턴십(10개국)	6.25~6.27	19	
사업연수 (KOICA)	초청	인도네시아 수도권통합 해안종합 개발 전문가 포럼	8.6~8.11	16	
일반연수 (KOICA)	초청	르완다 관개 및 농지개발 유지관리 역량강화('17-'19)	8.23~9.12	17	
사업연수 (KOICA)	초청	인도네시아 수도권통합 해안종합 개발 컨설팅사업(고위급)	10.21~10.27	7	
사업연수 (KOICA)	초청	인도네시아 수도권통합 해안종합 개발 컨설팅사업(실무급)	11.18~12.1	8	
2017		4			
일반연수 (KOICA)	초청	르완다 관개 및 농지개발 유지관리 역량강화('17-'19)	8.17~8.30	22	
일반연수 (KOICA)	초청	PIC(태평양군도) 수자원개발 및 관리(7개국)	9.07~9.27	13	
일반연수 (KOICA)	초청	인도네시아 수도권통합 해안종합 개발(고위급)('17-'19)	10.15~10.21	11	
일반연수 (KOICA)	초청	인도네시아 수도권통합 해안종합 개발(실무급)('17-'19)	11.02~11.15	17	

종류	형태	과정명	일자	연수생 (명)	비고
2016		1			
일반연수 (KOICA)	현지	(캄보디아) 농촌개발 분야 역량강화 전략('16-'18)	11.28~12.02	65	

연수생 참여: 2개 과정

종류	형태	과정명	일자	비고
2018				
AARDO	현지	(파키스탄) AARDO(아프리카아시 아농촌개발기구) '관개 및 수자원관리' 연수프로그램 참석	12.10~12.21	
2014				
AARDO	현지	(인도) AARDO(아프리카아시아농 촌개발기구) 수자원 연수프로그램 참석	10.12~10.27	

현지연수 강사: 2개 과정

종류	형태	과정명	일자	비고
2019				
일반연수 (KOICA)	현지	인도네시아 수도권통합 해안종합개발('17-'19)	10.21~10.25	
2017				
일반연수 (KOICA)	현지	(태국) 한국-태국 지속가능한 농촌개발 공동연수	11.17~11.20	

연수관련 회의참석: 2회

종류	형태	과정명	일자	비고
2017				
일반연수 (KOICA)	현지	(수단) AARDO(아프리카아시아농 촌개발기구) 연수기관 회의	7.07~07.12	
일반연수 (KOICA)	현지	인도네시아 수도권통합 해안종합개 발(NCICD) 연수성과발표회	12.11~12.14	

연수강의(국내): 21개 과정

연도	과정명	연수기관	강의 제목
2012			
1	가나, 다웬야 농촌종합개발사업 (코이카 사업연수)	한국농어촌공사	한국의 농업용수개발 및 관리
2	모로코 지속가능한 수자원개발 및 관리(코이카 일반연수)	미래자원연구원	한국의 농업용수 및 관개시설
2013			
1	필리핀 소규모 저수지 개발사업 (코이카 사업연수)	한국농어촌공사	한국의 농업용수개발 및 관리
2	라오스 관개 및 농업개발 (코이카 사업연수)	한국농어촌공사	한국의 농업용수개발 및 관리
3	모로코 지속가능한 수자원개발 및 관리(코이카 일반연수)	미래자원연구원	한국의 농업용수관리
4	세네갈 관개 및 농업용수개발 (코이카 사업연수)	한국농어촌공사	한국의 농업용수개발 및 관리
2014			
1	요르단 수자원개발 및 관리 (담수화기술 및 사례중심 (코이카 일반연수))	한국상수도협회	한국의 농업용수개발 및 관리
2	앙골라 농업현대화사업 (코이카 사업연수)	한국농어촌공사	한국의 농업용수개발 및 관리
2015			
1	AARDO 지속가능한 농촌개발 (농식품부)	농식품공무원 교육원	한국의 농업생산기반사업 성과
2	중남미 관개 및 농업개발 (코이카 일반연수)	국제개발협력 연구원	한국의 농업용수행정체계 및 경지정리사업
2018			
1	성균관대학교 인턴십과정 (코이카 학위과정)	한국농어촌공사	한국의 농업생산기반 사업의 성과
2	라오스 빈곤퇴치 및 농촌개발 역량강화(코이카 일반연수)	한국농어촌공사	한국의 농업생산기반 사업의 성과
3	한경대학교 인턴십과정 (코이카 학위과정)	한국농어촌공사	한국의 농업생산기반 사업의 성과
4	중앙아시아 스마트 수자원관리 전 문가 워크숍(UNESCO-IWSSM)	유네스코물안보 교육연구원	한국의 농업용수개발 및 관리

연도	과정명	연수기관	강의 제목
2022			
1	중앙아시아 스마트 수자원관리 전문가 워크숍(UNESCO-IWSSM)	유네스코물안보 교육연구원	한국의 농업용수개발 및 관리
2	한-라오스 IHP 협력 (UNESCO-IWSSM)	유네스코물안보 교육연구원	한국의 농업용수개발 및 관리
2023			
1	말라위 쉬레벨리 관개사업 연수	한국농어촌공사	한국의 농업용수개발 및 관리
2	네팔 수자원관리 정보화사업연수 (코이카 일반연수)	한국농어촌공사	한국의 농업용수개발 및 관리
3	세네갈 정보통신기술 기반 농업기계화 역량강화 (코이카 일반연수)	코익스	농업 농촌 발전을 위한 농업 인프라 건설
4	베트남 탱화성 마강 수자원관리 정보화 시스템 구축 사업 (코이카 사업연수)	한국건설기술 연구원	한국의 농업용수개발 및 관리
5	캄보디아 메콩델라 지역의 통합수자원관리 역량강화(실무급) (코이카 일반연수)	한국수자원공사	한국의 농업용수개발 및 관리

국제개발협력 'ODA 연수' 전문가 되기

제1장

한국에서 만나다
(초청연수)

1. 비극을 극복한 르완다

르완다 관개 및 농지개발 유지관리 역량강화(2017년, 2018년)

◆ 처음 시작한 초청연수

2017년 르완다 연수는 2016년 10월 센터로 발령받고 맡은 첫 초청 연수이다. 2016년 캄보디아 현지연수를 했지만, 한국 초청연수는 처음 이었다. 외국인 연수의 꽃은 초청연수이다. 르완다 연수를 맡으면서 과정안내서(CI)에서부터 계획서 수립, 강사 및 견학지 섭외 등 초청연수를 위한 단계별 절차를 배울 수 있는 좋은 기회가 되었다. 좋은 연수성과를 만들기 위해 연수 기획회의를 코이카 본부에서 개최하고 코이카 연수사업실 담당자도 같이 참석을 하도록 하였다. 코이카 담당자들은 1년에 20~30개 연수 과정의 행정처리를 하느라 많이 바쁘다. 업무적으로 좀 더 여유가 있어서 기획회의뿐만 아니라 연수기간 중에 강의와 현장견학도 같이 다녀보면 연수를 이해하고 개선방안을 도출하는 데 도움이 될 것 같은데 아쉬움이 있다. 연수 시행기관의 고충을 더 잘 이해할 수도 있을 것이다.

◆ 인종학살의 비극을 극복하다

르완다에 대해서 알고 있는 것은 1994년 후투족과 투치족 간의 비극적인 인종학살이 있었다는 것뿐이었다. 더 찾아보니 유럽 국가가 식민지 지배의 방법으로서 소수민족을 정치적으로 이용하면서 발단이 된 비극적인 사건이었다. 이후 다시는 이런 비극적인 사건이 일어나지 않기 위해 종족 간의 화해 및 정치사회 시스템을 선진적으로 변화시키는 노력을 많이 했다고 한다. 그래서 르완다를 '아프리카의 유럽'이라고 부를 만큼 정치사회 체제가 안정되어 있고 원조의 투명성과 효과성이 높은 나라로 인정을 받고 있다. 우리나라에서도 르완다의 국가 규모에 비해 많은 ODA 사업을 지원하고 있다.

◆ 자국민을 사랑하는 대사관

공사에서 국제교육교류센터 설립에 맞춰 주한 외교관을 초청하여 공사와 국제교육교류센터를 홍보하는 행사를 2차례 가졌다. 당시에 많은 주한 대사관에서 참석을 했는데 르완다 대사관도 그중 하나였다.

이번 연수를 위해 주한 르완다 대사관을 방문하여 르완다 연수를 소개하고 연수기간 중에 '대사초청 특강'을 부탁하기도 하였다. 고위급 연수 과정이 아닌데도 대사관에서 관심을 갖고 대사 특강까지 해 주었다. 대사관에서 한국에 있는 유학생들을 위한 행사를 개최할 정도로 자국민에 대하여 많은 관심이 있었다.

◆ 태어나서 처음 바다에 뛰어들다

르완다는 바다가 없는 내륙국가이다. 동쪽에 있는 탄자니아를 지나가야 바다로 나갈 수가 있다. 2017년 현장 견학지로 강릉 안반데기(고랭지 채소밭)와 오봉댐을 다녀오는 길에 바다를 보여주기 위해서 강릉 경포대 해수욕장에 들렀다. 연수생들이 갈아입을 옷도 준비되어 있지 않았고 갈아입을 장소도 없었기 때문에 백사장을 걷고 사진 촬영만 하도록 사전에 안내하였다.

바다를 처음 마주하는 순간 연수생들의 환호성이 떠나가지 않았다. 백사장에 가자마자 말릴 틈도 없이 옷을 입은 채로 바다에 뛰어들었다. 바다에서 수영해 보는 것이 평생소원이었단다. 누군가의 평생소원을 이루어준 소중한 순간이었고, 지금도 연수생들의 환한 미소와 감격스러워하는 표정을 잊을 수가 없다.

2018년에 경기도 안산 대부도로 어촌체험 마을을 방문하여 바다에서 직접 조개도 캐보고 갯벌을 체험하도록 해 주었다. 썰물 때가 되어 바닷물이 빠지는 것을 보던 연수생이 "이 물은 어디로 가는 거냐"는 어린아이와 같은 질문을 하였다. 제대로 설명을 해 주었는지 기억이 나지 않지만, 바다를 처음 보는 사람으로서는 너무 신기했을 것이다.

◆ 청혼 반지를 구해 주세요

2018년 르완다 연수생들이 전북 전주에 숙박하고 있을 때 Mr Moise 씨가 청혼할 때 여자분에게 줄 반지를 구해 달라고 하였다. 연수생들과 2~3주 기간 동안 함께 있다 보면 다양한 요청을 받을 때가 많다. 특히,

한국에 오기 전에 사야 할 품목을 정해 놓고 살 수 있는 곳을 찾아 달라는 요청이 많다. 예를 들면 화장품, 인삼, 아이들 옷과 학용품 등이다. 사무실의 상사나 동료들에게 부탁받는 경우도 많다. 심지어 인터넷으로 한국 쇼핑몰에 들어가서 제품명과 번호까지 종이에 적어오는 분들도 있다.

Moise 씨의 요청을 받고 호텔 근처에 반지를 살 만한 곳을 검색하였다. 상점에서 안내를 받아 아주 예쁜 반지를 골랐다. 가격은 10만 원 안쪽으로 한국에서는 비싼 가격은 아니었으나 르완다 현지 물가(월급 20만 원 내외) 기준으로 큰 금액이었다. 본인에게 지급되는 일비를 아껴서 반지를 구입하는 데 사용한 것이다.

사랑하는 남자가 멀리 한국에 가서 예쁜 반지를 사와서 청혼을 했으니 나름대로 의미 있는 청혼 반지가 될 것 같다. 과연 이 청혼은 성공했을까? 연수를 마치고 르완다에 돌아가서 청혼했고 결혼식을 했다는 소식을 전해 들을 수 있었다.

◆ 나의 꿈은 중고 판매상

Moise 씨는 연수기간 내내 열정적이었고 연수 담당자들에게 친절하였다. 꿈을 물어보니 한국과 르완다에서 중고 전자제품 수출업을 하고 싶다고 하였다. 공무원 신분이었지만 낮은 월급으로 인하여 정년퇴직할 때까지 일하겠다는 생각이 없었다. 오히려 한국의 중고 전자제품을 르완다로 수입하여 판매하는 일이 돈도 잘 벌고 전망이 있다고 하였다.

예전에 TV에서 인천항 인근에 자동차, 전자제품 등 중고품을 자신의 나라로 보내서 판매하는 외국인들이 많은 것을 본 적이 있다. 안타까운 일이지만 연수생 중에 한국에 취업하기 위하여 출국하지 않고 연수단에서 이탈하는 분들이 있다는 이야기를 들었다. 본국에서의 공무원 신분을 버리고 한국에서 불법 체류 외국인 노동자의 삶을 사는 것이 더 낫다고 생각하는 것이다.

농협하나로마트 견학

강원도 강릉 경포해수욕장

요거트 만들기 체험 / 오른쪽 Moise

농촌진흥청 홍보관 견학

경기도 안산 어촌체험마을

전주 한옥마을

2017년, 2018년 르완다 초청연수

국제개발협력 'ODA 연수' 전문가 되기

2. 위기의 아름다운 남태평양 국가

PIC(태평양 섬 국가) 수자원개발 및 관리(7개국)(2017년)

◆ 아름다운 풍경 뒤에 슬픈 현실

남태평양의 섬국가(솔로몬, 피지 등)는 TV 여행 프로그램에서나 봤을 것 같은 아름다운 나라들이다. 그러나, 아름다운 모습 뒤에는 해수면 상승으로 국토가 사라지고 있는 국가, 태풍과 홍수 등 자연재해로 인하여 피해를 보고 있는 국가, 물이 부족하여 안정적인 수자원 확보가 필요한 국가들이다. 이러한 물 문제를 해결하기 위해 PIC(태평양 섬 국가)를 대상으로 수자원 연수를 시행하였다.

처음 맡아본 다국가 연수여서 걱정했지만 연수생 간에 문제는 없었다. 오히려 같은 PIC에서 온 연수생이라는 동질감을 가지고 있었다.

◆ 스펙이 좋은 연수생

연수생 지원서를 보면 공부를 어디까지 했는지, 어디서 했는지, 한국 이외에 외국에서 어떤 연수를 받았는지 알 수가 있다. PIC 연수생 상당수는 호주, 뉴질랜드에서 대학원까지 공부했고 많은 해외 국가에서 연수를 참여한 경력이 있었다. 스펙만을 놓고 보면 나보다 더 많이 배운 분들이다.

공무원들의 숫자가 적어서인지 해외에서 개최되는 연수에 중복해서 다녀오는 사례도 있었다. 키리바시에서 참석했던 연수생 1명은 광주과학기술원에서 시행한 연수를 참석하고 비자 문제 때문에 잠시 피지에 들렀다가 우리 연수를 참석하기 위해 다시 한국에 오기도 하였다.

◆ 제주도를 벤치마킹하다

섬 국가의 특성을 감안하여 주요 현장 견학지로 제주도를 선정하였다. PIC와 동일한 자연조건을 가지고 있는 제주도에서 지하수, 해수 활용, 하수 재이용 등 수자원개발 및 관리에 대한 연수를 진행하였다. 연수생들의 관심과 만족도가 높았다.

연수생들의 국가 특성을 고려하여 유사한 자연조건에서 한국은 어떤 경험과 기술을 펼쳤는지를 보여주는 것은 큰 도움이 된다. 2017년 르완다 연수에서는 낮은 구릉산으로 이루어진 자연 조건을 감안하여 강원도 춘천 고랭지농업연구소, 강릉 안반데기를 견학지로 방문하였다. 반대로, 주말 문화탐방시간을 이용하여 바다가 없는 국가는 바다를 경험하도록 해 주면 좋아한다.

◆ 투발루에 ODA 사업을 시작하다

연수가 끝나고 잊혀 갔던 PIC 국가가 6년이 지난 2023년 다시 소환되었다. 공사에서 투발루를 대상으로 해양수산부 ODA 사업에 참여하게 된 것이다. 조금이나마 도움이 되고 싶어 당시 PIC 연수를 준비하면서 조사하였던 국가 현황자료와 연수생들의 연락처를 공유해 주었다. 오랜 시간이 흘러 공사에서 해당 국가를 대상으로 사업을 한다는 것이 신기하였다. 연수를 통해 PIC 국가와 공사가 첫 인연을 맺는 데 기여했다는 것에 큰 보람을 느끼게 되었다.

수료식   시화방조제 견학

하수재이용 시설견학   제주 현장견학

2017년 PIC 초청연수

3. 오랜 친구가 되어 준 인도네시아

인도네시아 수도권통합 해안종합개발(고위급, 실무급)(2017년, 2018년)

외국인 연수를 담당하면서 가장 많은 연수를 했던 국가는 인도네시아이다. 코이카 글로벌연수사업으로 연수를 시행한 것이 2017~2018년 4회, 공사가 참여하고 있는 코이카 사업의 사업연수로 시행한 것이 2018년 3회, 여기에 2019년 현지연수 1회, 2022~2023년 농식품부 ODA 연수 2회까지 포함하면, 총 10회가 된다.

◆ 인도네시아와의 첫 인연

2016년 농어촌연구원에서 국제협력업무를 하고 있을 때 Yufi라는 인도네시아 학생이 인턴십을 위해 공사를 2달가량 방문하였다. 연구원에서 1달 동안 있을 때 내가 멘토가 되었고 우리 가족들과 만나기도 하였다. 이후 2017년 1월 싱가포르 가족여행을 가면서 Yufi와 싱가포르에서 다시 만났고 여행 기간 중 배를 타고 건너갈 수 있는 인도네시아의 빈탄섬에서 며칠을 보낸 것이 인도네시아 첫 방문이었다. 2023년 Yufi가 엄마와 함께 한국에 여행을 와서 다시 만나게 되었으니 깊은 인연이다.

◆ 인도네시아 수도가 가라앉는다

2017년 코이카 글로벌연수사업의 목적으로 인도네시아 연수를 하게 되었다. 앞선 인도네시아와의 인연이 있어서 낯설게 느껴지지 않았다. 인도네시아 자카르타의 땅이 지반침하로 가라앉아 바닷물이 해안가 저지대로 넘치는 상황이었다. 인도네시아 정부는 자카르타 수도가 물에 잠기고 있는 위험한 상황을 해결하기 위해 자카르타 바다에 방조제를 축조하고, 내측은 해양도시로 개발하는 대규모 프로젝트(NCICD, 수도권 통합 해안종합개발사업)를 구상하였다. 이를 위해 한국의 방조제 축조 및 해양도시개발 경험을 전수하기 위한 코이카 글로벌연수사업을 2017년 시작하였다. 이와 별개로 코이카에서는 공사가 PMC로 참여한 NCICD 컨설팅사업을 시행하였고 사업안에 초청연수가 포함되어 있었다.

한 국가의 수도가 가라앉고 있는 심각한 상황에서 이를 해결하기 위한 연수를 맡아서 한다는 것에 큰 보람을 느낄 수 있었다.

◆ 인도네시아 연수를 처음 시작하다

대규모 프로젝트인 만큼 인도네시아 정부의 관심도가 높았다. 2017년 연수에 사업과 관련된 13개 중앙부처 고위급 및 실무급 공무원들이 연수에 참여하였다. 하나의 연수 과정을 통해 한 국가의 다양한 중앙부처의 고위급과 실무급 공무원들을 만난다는 것은 개인적으로 귀중한 경험이자 기회였다.

연수 담당자로서 고위급과 실무급 연수를 1~2주일 정도 차이를 두고 연속적으로 진행하는 것이 효율적이라고 판단하였다. 강사와 견학지가 중복되어 섭외하고 일정을 조율하는 게 오히려 수월하였다.

◆ 고위급 연수의 차이점을 배우다

2017년 고위급 연수에는 국무조정실, 경제조정부, 해양조정부 등 차관급 인사 5명을 포함하여 국장급 이상 총 10명이 참석하였다. 처음 고위급 연수를 준비하면서 부담감도 컸지만, 일반 실무급 연수와 다른 점을 발견하고 배울 수 있었다.

(1) 차관급 이상은 비행기 비즈니스를 탑승하고 공항에 대사관 직원이 입국 심사 편의를 위해 공항에 나간다. 인도네시아 대사관 직원이 공항에 마중을 나왔다.

(2) 숙소도 스위트급으로 한 단계 업그레이드를 시킨다. 서울 최고급 호텔에 숙소를 잡았다.

(3) 개강식 때 일정이 되면 코이카 이사급 임원이 축사해 준다. 2018년 코이카 이사님이 나와서 축사를 해 주었다.

(4) 국별보고 및 액션플랜을 하지 않는다. 2017년과 2018년 모두 국별보고 및 액션플랜을 하지 않았다.

(5) 2017년 주한 인도네시아 대사관에서 만찬에 초대하였다. 2023년 에티오피아 고위급 연수에서도 주한 에티오피아 대사관 관저에서 만찬을 하였다.

(6) 고위급은 일정이 짧고(7일 내외) 현지에서 중요한 일정이 많아 변동이 많이 생긴다. 2017년 경제조정부 차관은 급한 일정으로 다른 일행보다 며칠 늦게 들어와서 공항에서 별도로 픽업하여 새만금 현장으로 이동하였다. 2023년 에티오피아 관개농지부 장관은 급한 일정이 발생하여 중간에 귀국하였다.

(7) 연수내용을 이론 강의보다는 정책 강의, 현장견학, 고위급 미팅으로 구성한다.

◆ 목적이 분명해야 연수가 성공한다

이번 연수는 코이카 글로벌연수사업이지만 인도네시아 NCICD(수도권통합 해안종합개발)사업을 위한 목적이 분명한 연수였다. NCICD사업에 대하여 인도네시아 정부의 관심이 높았고 연수를 통하여 한국의 선진사례를 벤치마킹하려고 하는 목적이 명확하였다. 새만금사업, 영산강사업, 송도국제도시, 시화사업, 청계천사업 등 다양한 견학지를 다니고, 농식품부, 환경청, 새만금청, 인천경자청 등 관련 공무원들의 강의로 구성하였다. 참여도가 높고 질문이 많았으며 NCICD사업에 어떻게 반영할 것인지에 대한 깊은 고민을 느낄 수 있었다.

인도네시아에서 대규모 프로젝트로 추진하고 있는 NCICD와 관련된 부처가 많았다. 연수를 하면서 NCICD 관련된 부처마다 맡은 역할이 다르고 해결방안에 대한 의견이 다르다는 것을 알 수 있었다. 인도네시아 자카르타에서도 이렇게 많은 이해당사자가 한자리에 모이는 것은 쉬운 일이 아니다. 한국 초청연수에 와서 관련 공무원들끼리 각자의 생각을 들어보고 의견을 나누고 해결방안에 관하여 토론을 나누는 것은 유익한 시간이었다. 이것이 연수가 줄 수 있는 장점 중 하나이다.

◆ 토론을 위한 한-인니 전문가 포럼

2018년 코이카 NCICD 컨설팅사업과 관련하여 본 사업에 관련된 인도네시아 대학교수와 연구자들로 구성된 전문가 그룹을 위한 연수를 시행하였다. 초청연수이지만 내용은 인도네시아 전문가와 한국 전문가와의 토론회 방식으로 5일 동안 진행하였다.

많은 연수를 담당하였지만 연수 전체 프로그램을 토론회 방식으로 구성하는 것은 특별한 사례였다. 일자별로 주제(수자원, 도시홍수, 수질환경 등)에 따라 세션별 좌장을 정하고, 한국 전문가와 인도네시아 전문가들이 발제를 한 뒤 3~4시간은 질의응답과 토론을 진행하였다. 일반적인 연수는 한국 강사들이 강의하고 견학지에서 설명을 듣는 일방적인 방식이라면 전문가 포럼은 양방향으로 이루어졌다.

인도네시아의 최고 대학으로 손꼽히는 인도네시아대학, 반둥공과대학교 교수님들과 정부연구소의 연구자들이 참석하였고 한국에서도 분야별 최고의 전문가들을 패널로 초청하여 수준 높은 발표와 토론을 진행하였다.

◆ 고마운 두 사람(Mr Yus, Mr Dandi)

코이카 글로벌연수사업은 인도네시아 경제조정부가 제안하여 이루어졌고 코이카 NCICD컨설팅 사업은 인도네시아 공공사업부가 주관 부처였다. 3개년의 코이카 글로벌연수사업의 성공적인 추진을 위해 코이카와 협의하여 두 명의 Key Person(핵심 연수생)을 정하였고 3년 이내에 코이카 연수에 중복해서 참석할 수 없다는 원칙에도 불구하고 2명을 중복해서 참석하도록 하였다.

경제조정부에서 수자원 분야 인프라 담당을 하는 Mr Yus, Mr Dandi였다. 2017년 시작할 때부터 참석하여 연수 사전준비에서부터 끝날 때까지 연수기간 중에 대표 역할, 연수 이후에는 연수 성과확산까지 책임감 있게 핵심적인 역할을 잘 수행하여 주었다.

2017년 1차 연도 연수를 참석해서 코이카 연수에 대한 이해도가 높았다. 2018년과 2019년 연수 과정과 마지막 현지연수까지 연수생들을 잘 안내하고 성공적인 연수를 마칠 수 있도록 잘 이끌어 주었다. 연수에 있어서 Key Person(핵심 연수생)이 얼마나 중요한지 깨닫게 되었다.

두 사람은 2019년 연수가 끝났지만, 지금까지도 지속해서 연락을 주고받으면서 관계성을 이어가고 있다. 많은 연수생 중 가장 가깝게 지내는 분들이다.

2018년 고위급 개강식

2018년 고위급 개강식

2018년 새만금 견학

2018년 전문가 포럼

왼쪽 제방에서 바닷물이 범람하는 주택가

가운데 Dandi / 오른쪽 Yus

2017년, 2018년 인도네시아 초청연수

4. 너무 어려운 인턴십

한경대학교 농촌개발 역량강화 인턴십(10개국)(2018년)

◆ 인기가 좋은 코이카 석사학위과정

코이카에서는 글로벌연수사업 이외에 석박사 학위과정도 운영하고 있다. 개도국에 수요가 있는 학위과정을 만들어서 운영을 희망하는 대학을 공모로 선정한다. 대학에서는 5년 동안 총 3차례 학생을 선발하여 1년 6개월간 석사과정을 운영한다. 과거에는 석사과정만 있었는데 최근 박사과정도 신설되었다. 농촌개발, 농촌경제, 지역개발, 수자원 등 특정 주제에 따른 학위과정을 개설하여 개도국 공무원에게 장학금을 주고 학위를 받도록 해 주는 것이다.

한국 정부에서 장학금을 받고 석사학위를 받을 수 있는 과정이어서 연수생들에게 인기가 많다. 연수생 중에 한국에서 장학금으로 공부할 수 있는 방법을 물어보는 분들이 많이 있다. 이분들에게 코이카 학위과정에 대하여 안내를 해 주었다.

◆ 인턴십 기회가 어렵다

학위과정을 운영하는 대학에서는 강의와 현장견학 등의 커리큘럼을 짜서 운영하는데 학기 중 또는 방학 기간을 이용하여, 전공과 관련되는 공공기관과 민간기업에서 인턴십을 하고 싶어 한다. 강의실에서만 배우는 것이 아니라 관련 기관에서 체험하도록 하는 것이다.

그러나, 외국인 대학원생을 인턴십으로 받아주는 기관이 많지 않다.

국제개발협력 'ODA 연수' 전문가 되기

인턴을 받는 기관에서 학생들에게 인건비를 주는 것은 아니지만 외국인이 기관의 업무를 수행하여 실질적인 도움을 주기도 힘들다. 오히려 기관의 직원이 인턴을 관리하고 별도의 프로그램까지 만들어 주어야 하므로 힘든 것이다. 또한, 안전사고 등 여러 문제가 발생할 수도 있다.

코이카 석사학위과정을 운영하는 대학이 대부분 수도권에 있기 때문에 출퇴근이 쉬운 수도권 소재 기관을 희망한다. 대학에서 인턴십을 위해 별도 숙소를 제공해 주기 어렵기 때문이다.

2022년 코이카에서 주관하는 연수 시행기관 워크숍에 참석한 적이 있다. 당시 서울에 소재한 대학의 외국인 학위과정 담당자를 만날 수 있었다. 해당 대학에서는 코이카 석사학위과정뿐만 아니라, 지자체와 외부 기관에서 위탁을 받은 여러 개의 학위과정을 운영하고 있었다. 학위과정의 일환으로 인턴십을 운영하고 싶고, 매년 방학 기간 전에 여러 공공기관에 공문을 보내고 협조를 요청하는데 실제 인턴십을 운영할 수 있는 기관이 많지 않다고 하였다.

연수기관의 ODA 연수 과정에서 영어뿐만 아니라 제2외국어의 통·번역 지원, 연수 과정 운영 시 보조 인력 등 다양한 형태로 참여할 수 있는 방법이 많다고 제안을 해 주셨다. 실제 연결이 되지는 않았지만, 향후 충분히 검토해 볼 수 있는 좋은 대안이 될 것 같다.

석사학위 학생이 대부분 개도국 공무원인 경우가 많은데 해당 국가와 사업을 많이 하는 국내 기업을 통해 개인적으로 인턴십에 참여하기도 한다. 2017년 인도네시아 연수생으로 왔다가 다음 해에 코이카 석사

학위로 한국에 들어온 연수생이 있었다. 인도네시아 중앙부처에서 근무할 때 한국기업과 같이 일을 했었는데 그 인연으로 해당 기업에서 인턴십을 하였다.

◆ 인턴십 기회를 제공하다

2018년 공사와 해외사업과 관련하여 협력관계에 있는 대학에서 인

개강식	개강식
강의	강의
공사 김포지사 양배수장 견학	공사 농어촌연구원 국제융합수리시험센터 실습

2018년 한경대 코이카 석사학위 인턴십

턴십 운영에 대하여 협조 요청이 들어왔다. 장기간 맡아서 할 수는 없고 짧게 3일 일정으로 인턴십을 운영하기로 하였다. 대학에서 인턴십 운영을 위한 예산이 충분하지 않아서 실비만 받고 운영하였다.

석사학위과정의 전공 분야에 맞게 강의와 현장 견학을 구성하고, 대학원생들은 버스를 타고 학교에서 출퇴근하면서 인턴십에 참여하였다. 짧은 시간이었지만 농촌개발과 관련된 현장견학과 공사의 전문가 강의를 들을 수 있어서 만족해했다. 인턴십 참석자들은 석사과정을 마치고 공사와 같은 공공기관 또는 국내 민간기업에 취업하고 싶다고 하였다.

5. 의구심을 해소한 탄자니아 연수생

탄자니아 잔지바르 관개시설 건설사업 초청연수(2022년)

2020년 코로나로 인해 대면연수(초청연수, 현지연수)가 불가능하게 되었다. 2022년 코로나가 끝나면서 조심스럽게 초청연수가 시작되었다. 공사에서 탄자니아 사업을 해 왔지만, 코로나 시즌에 초청연수를 하지 못하고 미루다가 2022년 10월에 한국에 오게 되었다.

◆ 비자 받기가 너무 어렵다

아프리카에서 한국에 와서 불법 체류를 하는 사례가 늘어나자 신분이 확실한 공무원임에도 불구하고 한국 비자발급이 까다로웠다. 1개월 이상 여유를 두고 현지에 있는 공사 용역단을 통해서 비자를 신청하고 대사관에 협조를 요청했는데도 연수 시작 1주일 전까지도 비자발급이 되지 않았다. 자칫하면 연수 자체가 불가능할 수도 있었다.

마냥 기다릴 수가 없어, 출국 날짜 며칠을 앞두고 공사 용역단장이 연수생 대표와 같이 한국대사관에 직접 찾아가서 관계자를 만나고서야 비자를 받을 수 있었다. 다른 공공기관에서 준비하던 연수는 결국 비자를 받지 못해서 취소되었다는 이야기를 들었다. 불법체류자가 급증하는 바람에 공무원 신분임에도 불구하고 비자발급이 어려워지고 있다. 2023년 에티오피아 낙농업 연수도 에티오피아 비자발급 제한으로 현지연수로 시행하였다.

◆ 한국에 대한 의구심을 해소하다

탄자니아 잔지바르에서 공사가 시행하고 있는 사업과 관련된 연수이다. 현지에서 관개용 저수지 건설과 지하수 개발을 통하여 농업용수를 공급하는 사업인데 현지 여건으로 인해 사업 시행에 어려움이 있었다. 또한, 탄자니아 담당 공무원은 공사의 기술력에 대하여 의구심을 가지고 있던 상황이었다.

이번 기회를 통해 현장에서 적용될 기술이 실제 한국에서 어떻게 적용되는지 보여주고, 공사에 대한 신뢰도를 갖도록 해야 했다. 다행히 공사에서 시행했던 사업현장을 방문하여 현지에서 적용될 공법을 직접 보고 확인할 수 있는 기회를 가졌다.

탄자니아에서 한국이라는 국가도 낯설고 공무원들에게는 한국의 기관(한국농어촌공사) 이름도 처음 들어보는 것이다. 당연히 사업을 수행하는 기관과 전문가에 대한 믿음과 신뢰를 갖기 어려울 것이다. 그러나, 초청연수를 통한 한국에 와서 공사가 수행한 많은 사업현장을 둘러보고 공사 전문가들을 만나면서 기관의 규모와 기술력에 대하여 많이 놀라워하였다.

보통, 현지 공무원들이 연수를 마치고 본국에 들어가게 되면 현지에 있는 용역단 직원들을 바라보는 시선과 태도가 달라진다. 이런 점이 사업연수의 장점이다.

◆ 지식이 아닌 정을 나누다

연수단은 Haji 국장을 비롯하여 10명으로 적은 인원이었다. 대부분 한국에 처음 와보는 분들이라서 한국에서의 추억을 기록으로 남기기 위해 어떤 직원은 사진과 영상을 취합하여 매일 틱톡 영상을 만들었다. 짧은 1~2분짜리 영상이었지만 현장견학에서부터 문화탐방 등 연수의 생생한 모습이 잘 들어 있었다.

연수를 마치고 공항에서 배웅하는데, Haji 국장이 눈물을 보이며 이별을 아쉬워했다. 연수기간 중에 보여준 공사 직원들의 따뜻한 마음에 감사를 표하였다.

◆ 사진으로 다시 만나다

연수가 끝난 뒤 얼마 지나지 않아 공사에서 탄자니아 잔지바르를 방문하였다. 공사 게시판에 올라온 현지 방문 소식을 보니 사진에 너무 반가운 Haji 국장과 연수생의 모습이 보였다. 게시판 사진을 찍어서 Haji 국장에게 SNS로 인사를 전하였다.

사업연수의 경우 사업이 종료될 때까지 공사와 관계는 계속 유지가 된다. 현지 용역단에서 일하는 직원들을 통해서 소식을 듣기도 한다.

한국 도착   강의

노량진 수산시장 견학

공사 지하댐 견학

홍천 농업기술센터 견학

공사 영북지사 견학

2022년 탄자니아 초청연수

6. 열정적인 알제리

알제리 태양광 발전 시스템 전문가 양성(2023년)

2021년 코이카 글로벌연수사업 공모 시 태양광과 관련된 2개의 연수제안서를 작성하여 연수 시행기관으로 선정되었다. 그동안 농업농촌개발, 농업 수자원과 관련된 연수를 하다가 태양광 발전 분야에 연수를 처음 하게 된 것이다.

2017년부터 정부의 신재생에너지 정책에 따라 공사도 저수지 등 유휴부지를 활용하여 수상 태양광 발전, 육상 태양광 발전, 풍력발전 등을 시작하였기 때문에 태양광 발전 분야에 대한 연수에 도전하게 되었다. 코로나로 인하여 2021년과 2022년은 온라인연수로 진행하였고, 다행히 2023년 마지막 3차 연도를 한국 초청연수로 하게 되었다.

◆ 연수 일정을 연기할 수 없나요

코이카의 일정에 맞춰 연수생 선발을 위한 과정안내서(CI)를 4개월 전에 코이카를 통해 수원국에 전달하였는데 수원기관(신재생에너지센터)에 제대로 전달이 안 되었다고 한다. 2021년에도 연수생 선발을 위한 공문이 알제리 정부 내에서 수원기관에 전달이 지연되어 연수생 선발이 어려웠다. 이번 초청연수에서도 같은 상황이 발생한 것이다.

코이카를 통해 선발 진행 상황을 체크하였고 코이카 지역사무소에서도 체크를 했지만 앞으로 더 잘 챙겨야겠다고 생각하였다.

연수생 선발이 지연되고 있으니 연수 일정을 연기해 줄 수 없냐고 코이카를 통해 문의가 왔다. 우리는 연기할 수 없고 현재까지 선발된 인원만이라도 진행을 하자는 단호한 입장을 전달하였다. 이미 강사, 견학지, 숙소, 통역사 등 모든 일정을 다 준비한 상황에서 불과 2주를 남겨두고 연기를 한다는 것은 받아들일 수 없었다.

변경된 일정으로 강사, 견학지, 통역사의 일정이 된다는 보장도 없고, 이미 선발된 연수생들도 연기된 일정에 맞춰 올 수 있다는 보장도 없는 상황이었다. 우리의 강경한 태도 때문이었는지 알제리 측에서 예정대로 연수를 진행하기로 하였다.

◆ 연수단 대표의 헌신

연수를 진행하기로 결정되면서 선발된 연수생들의 비자발급 등 준비 일정이 촉박하였다. 다행히 25명의 연수생 중 13명이 2021년과 2022년 온라인연수에 참석했던 연수생들이었고 이 중 연수생 대표로 도와주었던 Salim이 포함되어 있었다.

Mr Salim과 왓츠앱으로 연락을 하여 비자 등 연수에 필요한 사항에 대하여 안내하고 도움을 요청하였다. Salim의 도움으로 연수생들을 왓츠앱 방으로 초대하였고 Salim은 왓츠앱 방을 통해 비자서류, 연수생 그룹 구성 및 리더 지정, 국별보고 준비 등 헌신적으로 도와주었다.

그의 도움이 없었다면 그렇게 빨리 연수를 준비할 수 없었을 것이다. 연수생 대표의 중요성, 특히 과거 연수에 참여했던 경험이 있는 리더의 중요성을 다시금 깨닫게 되었다. 연수에 참여해 보았기 때문에 코이카 연수가 어떤 식으로 진행되는지, 국별보고와 액션플랜이 무엇을 하는 것인지에 대한 이해도가 높았다.

◆ 화면에서 나온 연수생

코이카 글로벌연수사업의 경우 최근 3년 이내에 참석했던 연수생은 특별한 경우가 아니면 선발이 되지 않는다. 다행히, 2023년은 연수생 선발인원의 50% 범위 내에서 2021년과 2022년에 온라인으로 참석했던 연수생을 초청연수에 선발하도록 하였다. 온라인으로만 참석했던 연수생들은 초청연수를 통해 한국의 현장을 직접 방문하여 배우고자 하는 의지가 높았다. 그리고 온라인연수를 통해 이론교육을 마쳤으므로 초청연수를 통해 현장견학 등 실무교육을 하는 것은 혼합 연수의 좋은 사례가 될 수 있었다.

공항에 도착한 알제리 연수단 중 50%가 이미 온라인을 통해 만나봤던 연수생들이어서 전혀 낯설지 않고 반가웠다. TV 화면 속에서 봤던 연예인을 실물로 만나보는 기분이었다.

◆ 버스에 꽉 찬 연수생 25명

알제리 연수 인원은 25명이었다. 보통 초청연수 인원이 15명 내외인 것에 비하면 많은 인원이다. 버스를 타고 현장견학을 갈 때도 앉아 있는 사람 숫자를 세는 것이 아니라 빈자리를 세는 것이 빨랐다. 28인승 우등버스가 좌석이 여유가 있고 장거리를 편안하게 이동할 수 있는데 연수생 25명과 통역사, 연수 담당자가 탑승을 하니 빈자리가 없다.

당초 15명이었으나 수원기관의 요청으로 조금씩 늘어나서 25명까지 되었다. 코이카에서 사전에 인원수가 늘어나는데 괜찮은지 문의가 왔다. 수원기관에서 원하는데 누구를 빼기도 그렇고 20명을 하든 25명을 하든 수고로움은 같다고 생각하였다. 한 명이라도 더 연수에 참석할 기회를 주고 싶었다.

많은 인원이었지만 다행히 일정에 잘 따라주었고 문제가 발생하지는 않았다. 숙박, 식당, 강의 등 연수 장소를 코이카 연수센터(경기도 성남)로 정하여서 덜 버거운 점도 있었다.

◆ 배우는 열정에는 장애가 없다

연수생 특이사항을 봤지만, 사전에 다리가 불편한 연수생이 있다는 걸 알지 못했다. 공항 입국장에서 기다리다가 연수생들과 반갑게 인사를 나눴는데 한 분이(Mr Yahia) 휠체어를 타고 들어오고 있었다. 예상하지 못했던 상황이었다.

연수기간 동안 연수생 한 명이 주로 휠체어를 밀어주고 보살펴주었다. 중간에는 다른 연수생들이 돌아가면서 휠체어를 밀어주면서 도움을 주었다. 현장견학을 갈 때도 버스에 오르고 내리는 데 힘들어했고 시간이 많이 소요되었다. 그러나 연수생들이 불편해하지 않고 그분이 오르고 내리는 시간을 기다려주었다.

현장 견학지가 휠체어로 접근이 어려울 때도 있었다. 현장을 제대로 보지 못하는 아쉬움이 컸지만, 최대한 연수생들과 같이 현장을 다니려고 했다. 배우고자 하는 열정 앞에서 그 어떤 것도 걸림돌이 되지 않았다. 수료식 때 이분의 열정을 칭찬해 주었고, 아울러 옆에서 휠체어를 끌어주면서 도움을 주었던 연수생에게 '섬김상'을 주었다.

◆ 사막의 태양보다 더 뜨거웠던 질문과 토론

지난 온라인연수를 할 때도 질문이 많아서 액션플랜 시간을 할애하여 전문가와 토론할 수 있는 시간을 주었는데 초청연수도 마찬가지였다. 강의와 현장 견학지에서 끊임없이 질문이 나왔다. 쏟아지는 질문에 매시간 내가 나서서 질문 순서와 시간을 조정해 줘야 했다. 알제리 사막의 뜨거운 태양보다 더 뜨거운 열기가 느껴졌다.

첫째 날 현장 견학지에서 충분한 답변이 이루어지지 않아 마음이 불편했다. 궁금증을 해소해 주고 보다 유익한 시간을 만들어주고 싶은 마음이 컸는데 아쉬웠다. 다음 현장 견학지인 연구소를 방문하였는데 관련 전문가의 강의와 실험실 현장견학을 통해 연수생들의 궁금증에 대한 갈증이 해소되는 모습이 보였다. 연수생들이 만족하는 모습을 보자 연수 담당자로서 큰 보람을 느꼈다.

연수를 위해 해당 분야의 전문가를 강사로 섭외하고 적합한 현장 견학지를 섭외한다. 그러나, 강사의 강의내용이나 현장 견학지의 안내가 기대한 것만큼 충분하지 않을 때가 있다. 그때가 가장 속상하고 안타깝다. 강사의 능력이 충분하고 좋은 견학지여서 많은 정보를 전달해 줄 수 있음에도 불구하고 제대로 전달이 되지 않은 경우가 있다.

◆ 한국의 협력 파트너를 만들다

2021년과 2022년 온라인연수를 진행하면서 알제리 측에서 가장 관심 있는 부분은 태양광 발전 품질관리였다. 이번 초청연수에서 관련 강의와 연구소 방문을 준비하였다. 다행히 해당 기관에서 적극적으로 도

국제개발협력 'ODA 연수' 전문가 되기

움을 주었고 알제리 측과 ODA 사업 등 향후 협력을 희망하였다.

　연수를 시작하는 날 연구소 측의 요청에 따라 ODA 담당 연구원이 알제리 연수생을 만나는 미팅을 했다. 현장 견학 시 알제리 측에서 연구소와의 협업을 적극적으로 희망하였다. 양 기관의 담당자들이 연락처를 교환하고 향후 협의를 해 나가기로 하였다. 연수 종료 후 양 기관 담당자들끼리 이메일을 주고받고 협력 방안을 논의해 나가는 것을 확인할 수 있었고 큰 보람을 느꼈다.

개강식

수료식 / 앞줄 오른쪽 Yahia

액션플랜 발표 / 발표자 Salim

합심해서 휠체어를 옮겨주는 연수생

품질시험 연구소 견학

수상 태양광 발전소 견학

2023년 알제리 초청연수

7. 지구 반대편 갈라파고스에서 오다

에콰도르 태양광 발전소 유지관리 역량강화(2023년)

에콰도르 갈라파고스섬에 있는 전력청 공무원을 대상으로 한 연수가 2021년과 2022년 코로나로 인하여 온라인으로 진행되었다. 2023년 마지막 연수인 만큼 초청연수로 진행되었다.

◆ 진짜 올 수 있을까

에콰도르는 한국에서 지구 반대편에 있는 가장 먼 나라이다. 갈라파고스는 본토에서도 1천 km가 떨어진 섬이다. 세계적으로 유명한 자연유산 지역이다. 갈라파고스에서 한국에 오려면 비행기를 3~4번 갈아타고 비행시간만 2일(48시간)이 넘게 걸린다. 더욱이 2023년 상반기에는 항공운임이 너무 올라서 갈라파고스에서 오려면 비행기표 값만 1인당 700~800만 원이 소요되었다.

초청연수를 계획하였지만, 과연 올 수 있을까 반신반의하는 상황이었다. 다행히 인원수를 10명으로 줄여서(최종적으로 8명만 왔음) 시행하기로 하였다.

◆ 먼 한국에서의 행복한 시간들

이미 온라인연수를 통해 봤던 분들을 다시 한국에서 만나게 되었다. 온라인연수 때 리더로 수고해 줬던 모든 분이 왔으면 좋았을 텐데 현실적으로 그렇지 못하였다. 연수생으로 오신 분들은 한국에 오게 된 것이 너무 기쁘고 감사하다고 하였다. 그동안 해외에서 시행되는 연수의 경우 주로 관리자들이 참석해서 자신들 같은 실무자들이 참석할 기회가 거의 없었다고 한다.

갈라파고스섬을 떠나 에콰도르 본토에 가는 것도 쉽지 않았던 연수생들에게 한국 초청연수는 너무나 꿈같은 일이었다. 한국에서의 강의, 현장견학뿐만 아니라, 다양한 문화체험, 한국의 현대적인 사회시스템 등을 경험할 기회를 얻게 된 것이다. 8명의 연수생 모두 연수 일정을 잘 따라주었고 행복한 시간을 보내었다.

◆ 연수의 매력에 빠지다

2023년 센터에 발령을 받아서 처음으로 초청연수를 담당한 우리 직원은 연수의 매력에 빠졌다. 외국인 연수생과 같이 상호작용을 하면서 연수생들의 필요를 채워주고, '정'을 나누는 것이 너무 즐거웠던 모양이다. 연수가 끝난 이후에도 연수생들과 개별적으로 소식을 주고받고 있다. 기회가 되면 꼭 갈라파고스섬에 가고 싶다고 하였다.

◆ 연수 담당자만이 누릴 수 있는 특권

그 직원은 올해 처음 연수업무를 하면서 연수 담당자로서의 기쁨을 느낀 것이다. 직장 생활을 하면서 일을 제대로 하면 당연한 것이고 조금의 실수가 있으면 혼나게 마련이다. 그러나, 연수는 연수생의 필요를 채워주는 조력자 역할을 하는 것이므로 하루하루 작은 것 하나에도 연수생들은 연수 담당자에게 감사의 인사를 전한다. 직장 생활을 하면서 누군가에게 감사하다는 말을 들을 기회가 몇 번이나 있을까? 더구나 내가 월급을 받으면서 당연히 해야 할 일인데 말이다. 돈을 받으면서 감사하다는 말을 듣게 되는 셈이다.

연수 과정이 끝나면 사내 게시판에 연수 소식을 올리고 홍보실을 통해 보도자료를 배포하여 언론사에 홍보를 한다. 내가 담당했던 연수 과정이 신문이나 인터넷에 보도가 된다. 연수생과 함께 찍은 사진이 들어가 있는 신문기사를 보고 지인에게서 연락이 오는 경우도 있다.

직장에서 일하면서 내가 하는 일로 언론에 보도될 기회가 몇 번이나 있을까? 많은 사람이 자신의 자리에서 묵묵히 맡은 바 일을 하지만 홍보거리가 되는 것은 힘들다. 연수 담당자들이 누릴 수 있는 특권이다.

◆ 견학지 섭외의 어려움

태양광 발전 분야에서 우리나라 민간기업은 세계적인 기술력을 가지고 있다. 태양광 패널 및 배터리 등등 현장견학을 통해서 보여줄 수 있는 시설들이 많이 있다. 세계 최고의 한국기업의 기술력을 보여주고 싶어서 몇몇 민간기업에 외국인 연수를 위한 현장견학을 요청하였지만 섭외가 되지 않았다. 태양광 발전 시장에서 개도국은 ODA 사업의 대상이지 비즈니스의 대상이 되지 않기 때문이다. 현장견학 신청서에 향후 구매량 등 얼마만큼 해당 기업에 도움이 되는지 작성하도록 되어 있었다. 순수한 연수 목적을 위한 연수생들에게는 맞지 않는 것이다. 또한, 태양광 발전은 최첨단 산업 분야이므로 보안과 기술 유출 등에 신경을 쓰는 것 같았다.

다행히 신재생에너지 관련 공공기관들은 협조적으로 도움을 주었다. 다만, 발전소의 경우 국가보안 시설이어서 인솔자뿐만 아니라 연수생의 인적 사항과 차량 정보까지 사전에 제출해야 했다.

코이카 연수센터

발전소 견학

액션플랜 발표

수료식

2023년 에콰도르 초청연수

8. 지한파 캄보디아 차관

캄보디아 농업용수 및 농업생산기반시설 운영관리 역량강화(2023년)

연수업무를 맡으면서 가장 먼저 했던 연수가 2016년 캄보디아 현지연수이다. 2023년 다시 캄보디아 초청연수를 하게 되어 뜻깊었다.

◆ 캄보디아 연수를 만들다

2022년 '농업용수관리 역량강화' 연수가 인도네시아를 대상으로 시작되었다. 이후 캄보디아 연수를 시행하기 위해 농업용수관리를 담당하는 캄보디아 수자원기상부와 접촉하였다.

2015년과 2016년 공사 농어촌연구원에서 국제협력업무를 담당할 때 캄보디아에서 개최된 국제행사를 참석해서 수자원기상부 차관(Mr Ponh)을 알고 있었다. 차관에게 신규 연수추진에 대하여 안내 메일을 보내고 공사에서 현지에 파견 나가 있는 직원을 만나서 협의하도록 했다. 차관은 나를 기억하고 적극적으로 협조를 해 주었고 2023년부터 연수를 시작할 수 있게 되었다. 오래전 캄보디아 차관과의 인연이 신규 연수를 만드는 데 큰 도움이 되었다.

◆ 한국을 잘 아는 차관

캄보디아 수자원기상부에 한국, 일본 등 국가별 사업(ODA 등)을 담당하는 고위급이 정해져 있다고 한다. Ponh 차관은 한국 사업을 담당하는 차관으로서 10여 년 전부터 한국기업들과 많은 사업을 해 왔고 한국도 자주 왔다. 한국에 대하여 아는 내용이 많은 지한파 고위급 인사였다.

다른 기관에서 주관하는 연수를 통해 공사의 시설을 방문한 적은 있었지만, 정식으로 공사가 시행하는 연수에 참여하여 공사 관련 시설을 방문한 것은 처음이었다.

특히 차관이 관심 있어 하는 농업용수관리 자동화와 안전진단 시연회를 현장에서 직접 보여줘서 기술력을 알리고, 향후 캄보디아에서 발주되는 사업에 공사가 참여할 수 있는 발판을 만들어 보고자 하였다. 이번 기회를 통하여 차관에게 공사에 대하여 제대로 알릴 좋은 기회가 되었다.

차관은 지방 일정 중 예정에 없었지만 농촌 마을과 농가를 직접 방문하고 싶다고 하였다. 어렸을 때 농촌에서 농사를 지으며 살았다고 한다. 이동 중에 논에 가서 수리시설도 둘러보고 포도 농사를 짓고 있는 비닐하우스에 가서 농업인과 대화를 나누기도 하였다. 농업에 대한 관심이 많았다.

◆ 민간기업과 끈끈한 관계

연수기간 중에 차관은 캄보디아 사업을 담당하고 있는 민간기업 관계자를 만났다. 오랜 기간 사업에 참여하여 차관과 돈독한 관계를 유지하고 있다는 것을 알 수 있었다. 아무래도 잦은 인사 발령이 있는 공공기관보다는 민간기업은 CEO의 의지에 따라 사업 담당자를 배치하고 지속해서 관리하는 게 용이하다. 개도국에서 요청하는 사항이나 문제점을 더 신속하게 해결해 줄 수 있는 장점도 있다. 공공기관은 각종 규정 때문에 안 되는 것도 있고, 하나를 해결하기 위해서는 많은 행정적인 절차를 밟아야 하기 때문이다.

2014년 베트남에서 개최된 국제행사에 참석했을 때, 한국의 민간기업 관계자들이 베트남 농업부 고위직들과 친밀한 관계를 맺고 있는 것을 보았다. 개도국 사업에 있어 공공기관보다 민간기업이 더 빠르고 진취적으로 시장을 만들어 가고 정부 기관이나 공공기관은 뒤를 따라가는 것 같았다. 물론 공공기관은 대외적인 공신력이 높고 사업적인 이해관계가 없이도 관계를 유지해 나갈 수 있는 장점은 있다.

공사 예당저수지 견학(왼쪽에서 4번째 차관)

공사 안전진단 시연회 참관

공사 재난안전종합상황실 견학

전주 한옥마을 문화탐방

2023년 캄보디아 초청연수

◆ 다시 만난 연수생

2023년 12월 다른 공공기관에서 시행하는 캄보디아 연수 과정에 강사로 초대를 받았다. 혹시 아는 사람이 있을 것 같아서 미리 명단을 받아보았는데 5월에 차관과 같이 왔던 연수생 명단이 보였다. 강의 시작 전에 SNS로 내가 간다고 연락을 하고 강의장에서 만났다. 너무 반갑게 인사를 나누었다. 캄보디아 연수생 SNS 방에 사진을 올리고 연수생들과 오랜만에 인사를 나누었다. 연수생과 한국에서 다시 만날 때가 종종 있는데 기분이 좋다.

9. 네팔을 사랑한 한국인
네팔 수자원관리 정보화사업연수(2023년)

◆ ADB가 연수에 참여하다

2022년 아시아개발은행(ADB) 사업으로 공사가 '네팔 수자원관리 정보화사업'을 수주하고 글로벌사업처의 요청으로 사업연수를 하게 되었다. 연수 프로그램을 네팔 측에 보냈는데 ADB 측에서 연수내용이 좋다고 하여 계획에 없던 ADB 전문가 4명이 추가로 참석하게 되었다. 수원기관인 네팔 수자원관개청 16명을 포함하여 총 20명이 연수생으로 참여하였다. 개도국 국가를 상대로 한 연수는 해 왔지만, ADB와 같은 국제기구 담당자가 포함된 연수를 하는 것은 처음이었다. ADB 측에서 연수 프로그램을 좋게 평가해 줬다고 하니 기뻤다.

◆ 한국의 스마트 기술을 배우다

현재 네팔에서 사업을 시행하고 있어 본 연수에 대한 목적이 분명하였다. 연수기간도 짧았기 때문에 목적에 부합되는 내용으로 집중하여 연수내용을 구성하였다. 목적이 분명한 연수는 연수내용을 구성하는 것이 수월하고 연수생들의 만족도가 높다.

공사의 농업용수 정보화, 자동화 시스템을 보여줄 수 있는 현장 위주로 구성하고 공사의 해당 전문가 강의를 시행하였다. 네팔 용역단장님의 말씀에 따르면 공사에서 설치한 시스템을 현지에서도 도입해 주기를 희망하였다. 한정된 예산으로 우선 시범시스템 구축을 하고 향후 추가적인 예산을 확보하여 추진해야 할 계획이다.

◆ 나의 최애(가장 사랑하는) 국가

오래전에 TV 방송에서 히말라야산맥 트레킹을 하는 사람들을 보았다. 나도 관심이 있어서 관련 책을 사서 읽었고 언젠가는 안나푸르나 베이스캠프(ABC)를 다녀오는 트레킹을 하고 싶다는 생각을 했던 적이 있다.

공사 직원분들 중에 특별한 인연으로 그 나라를 사랑하는 분들이 있다. 네팔에서 몇 달을 살았고 기회가 있을 때마다 네팔을 다녀오시는 분이 계셨다. 어떤 직원은 해외사업을 위해 미얀마에서 근무했던 인연으로 지금까지도 현지 직원들과 연락을 하고 미얀마에서 안 좋은 소식이 들릴 때마다 안타까워한다. 퇴직 선배님 한 분은 재직 중 베트남에서 오랜 기간 파견근무를 하시고 책까지 집필하셨는데 베트남에 대한 남다른 사랑을 가지고 계신다. 해외사업을 계기로 특별한 인연을 맺고 애정을 갖게 되는 국가가 있다.

나는 연수업무와 관련해서는 인도네시아가 가장 애정이 가는 국가이다. 가장 많은 연수 과정을 담당하였고, 가장 많은 연수생을 알고 있는 국가이기 때문이다.

◆ 음악으로 통하다

연수단은 이동 중에 네팔에서 인기 있는 음악(Resham Firiri)을 틀었다. 반복되는 가사를 계속 듣다 보니 가사를 다 외울 정도였다. 자신의 감정을 표현하고 흥이 넘치는 분들이었다. 2023년 10월에 시행한 네팔 홍수 온라인연수에서 연수생들에게 같은 음악을 틀어주면서 친근감을 표현하였다.

20~30대 연수생 중에는 BTS와 같은 한국의 젊은 가수를 아는 사람들도 있지만, 한국의 음악 중 연수생들에게 아직까지 가장 잘 알려진 것은 '강남스타일'이다. 연수생들과 서울 코엑스 근처에 있는 '강남스타일' 조형물에서 음악에 맞춰 춤을 추기도 하였다. 연수생으로 참석했던 2019년 파키스탄 연수에서 '강남스타일' 음악에 맞춰 참가자들과 함께 춤을 춘 적도 있다. 음악을 통해 서로 가까워질 수 있는 기회가 된다.

공사 재난안전종합상황실 견학

네팔 인기 음악 Resham Firiri

공사 영산강사업단 견학

공사 새만금사업단 견학

2023년 네팔 초청연수

국제개발협력 'ODA 연수' 전문가 되기

10. 인도네시아 연수생의 뜨거운 눈물
인도네시아 농업용수 및 농업생산기반시설 운영관리 역량강화(2023년)

2023년 2차 연도 연수를 시행하였다. 공공사업부, 국가개발기획부, 농업부 공무원을 포함하여 10명으로 구성하였다.

◆ 반가워요, 레이놀드

한국은 신남방정책의 일환으로 인도네시아와 긴밀한 협력관계를 유지하고 있다. 2억 5천만 명의 인구를 가진 인도네시아는 한국의 새로운 시장으로 떠오르고 있다. 이번 연수에 인도네시아 농업부에서 한국의 농식품부를 포함하여 일본 등과 국제협력업무를 담당하는 공무원이 참석하였다. 농업 분야에서 한국과 인도네시아가 협의할 때 실무를 담당하고 있다고 한다. 연수기간 중에도 한국 측 관계자들과 농업 ODA에 대한 ZOOM 미팅을 하였다.

몇 년 전에 코이카 석사학위과정으로 건국대학교에서 석사과정을 공부하기도 하였다. 한국에 대해 너무 잘 알고 있었고 호의적인 생각을 가지고 있었다. 이번 연수를 하면서 가깝게 지냈고 지속적으로 좋은 관계성을 유지하고 싶었다. 연수를 하다 보면 나와 잘 맞는 사람이 있다.

◆ 울지 말아요, 톰슨

연수기간 중 사진과 동영상을 찍기 좋아하는 연수생 톰슨이 있었다. 연수를 통해 배우려 하기보다는 놀러 온 것이 아닌가 의심이 들 정도였다. 연수 담당자의 인솔에 잘 따라주지 않는 것 같았다. 토요일 문화탐방 시간에 정해진 약속 시간을 10분 어기는 일이 발생하였다. 그냥 넘어갈 수 있었지만, 연수생들이 다 있는 자리에서 왜 시간에 맞춰 오지 않았는지, 왜 늦었는지 강한 어조로 물었다. 연수생의 마음이 상했는지 분위기가 급격히 가라앉았다.

수료식에서 한 사람씩 소감을 발표하는 시간이 있었다. 톰슨은 자신의 소감을 말하면서 평평 울기 시작하였다. 연수생이 소감을 발표하면서 그렇게 우는 모습은 처음 보았다. 자신은 자카르타에서도 비행기를 2번 타고 들어가야 하는 지방에서 근무하고 있는데 한국이 너무 잘사는 것이 부러웠고 질투심이 났다고 한다. 그래서 한국에서 보고 느끼는 순간이 너무 소중하여 매일 새벽에 일어나서 숙소 주변을 둘러보았다고 한다. 그리고 고향에 돌아가서 보여주기 위해 사진과 영상으로 모든 것을 기록하였다고 한다.

약속 시간을 어긴 그날도 하나라도 더 보기 위해 10분이 늦었던 것이다. 고향을 사랑하고 더 발전시키고 싶어 하는 그의 진심이 느껴졌다. 마음이 숙연해졌고 좀 더 이해하지 못해서 미안했다. 그의 깊은 속마음을 알게 된 뒤로 떠나는 날까지 더 따뜻하게 대해 주었다.

◆ 블루오션 인도네시아어(Bahasa)

문화탐방 시간에는 현지어 가이드를 섭외한다. 이번에는 연수생들의 원활한 소통을 위해 개강식과 수료식 때도 인도네시아 가이드를 활용하였다. 2016년 연구원에서 만났던 Yufi가 어머니와 함께 2023년 9월 한국 여행을 왔다. 이번 연수에 섭외할 인도네시아 가이드가 필요해서 Yufi에게 가이드 연락처를 받아서 연수 가이드를 요청하였다.

대학 때 인도네시아에 교환학생으로 간 것이 계기가 되어 인도네시아 어를 배우게 되었고 이후에 가이드를 하면서 관광회사까지 차려서 운영 하고 있다고 한다. 인도네시아에서 한국 드라마 등 한국 문화에 대한 관 심이 많고 인구가 2억 5천만 명이어서 한국에 관광을 오는 사람들이 많

공사 농어촌연구원 국제융합수리시험센터

김제 스마트팜 혁신밸리 견학

공사 동진지사 견학 / 맨 왼쪽 레이놀드

국립농업박물관 견학

공사 왕송저수지 견학 / 오른쪽 네 번째 톰슨

공사 삽교호배수갑문 견학

2023년 인도네시아 초청연수

아지고 있다고 한다. 인도네시아어가 앞으로 유망하다고 하였다.

　문화탐방을 비롯하여 개강식과 수료식 등에도 인도네시아 가이드(통역)를 활용하니 연수생들이 편안하게 연수에 참여할 수 있었고 궁금한 것을 물어보면서 도움을 청하였다. 선물 구입에서부터 일요일 자유시간을 활용하여 춘천 남이섬 관광, 부산 여행 예약 등 많은 도움을 주었다. 연수생이 전부 영어가 원활한 것이 아니었으므로 가이드가 있어서 연수 진행이 원활하였다.

11. 친근했던 에티오피아 장관 연수생

에티오피아 지하수개발 및 농촌개발 사업연수(고위급)(2023년)

2023년 7월 에티오피아 현지연수에서 관개농지부 국장을 만나서 올해 고위급 사업연수에 대한 계획을 논의하였다. 2023년에 추진을 희망하여 11월에 시행하였다. 관개농지부 장관, 관개 담당 차관, 국장이 참석하는 연수이다 보니 여러 가지로 신경 써야 할 것들이 많았다.

◆ 힘들었던 장·차관 고위급 준비

고위급은 변수가 많아서 일정을 짜기가 복잡했다. 한국에서의 세부 일정을 짜고, 준비하는 과정에 많은 어려움이 있었다.

(1) 장·차관의 항공권은 비즈니스로 준비하였다.

(2) 인천공항의 귀빈실 이용과 빠른 입출국 지원을 인천국제공항공사에 요청했다. 이번에는 대사관 측에서 외교부를 통하여 협조 요청을 하였지만, 입국 당일 일부 혼선이 있었다. 연수 일정 중에 제주도를 다녀오는 일정이 있어서 한국공항공사에도 협조 요청을 하였다. 이번 연수 덕분에 귀빈실도 들어가 보고, 별도 출입증을 받아서 탑승구까지 영접을 나가는 경험을 할 수 있었다. 공항 관계자분들이 너무 친절하게 잘 도와주었다.

(3) 장관이 참석을 하다 보니 한국 정부 측과의 고위급 미팅을 희망하였다. 단순히 연수에 참석한다는 이유로 해외 출장을 나오기는 어려울 것이다. 대사관을 통해 수출입은행장 미팅, 농식품부 장관 미팅을 하

고자 섭외를 진행하였다. 아쉽게도 일정이 맞지 않아 농식품부 미팅은 잡지 못하고 수출입은행 이사면담과 공사 이사면담 일정만 진행하였다.

(4) 연수일정에 대하여 대사관 측에서 많이 신경을 썼다. 공항 입출국, 고위급 미팅, 대사관에서의 만찬 등 많은 일정을 대사관 측과 협의해야 했고, 결과에 따라 우리 일정까지 자주 변경이 되었다. 일정 중 대사관 관저에서 저녁 만찬을 준비해 주었다.

(5) 방문하는 기관과 호텔 측에서도 신경을 많이 써주었다. 호텔이 속한 대기업 입장에서는 향후 비즈니스 차원에서 예우를 해 주는 것도 있고, 대사관이 주관하는 행사를 유치하고 싶어 하는 이유도 있었다. 또한, 호텔 측에서는 VIP들이 많이 이용하면 홍보 효과도 있을 것이다.

(6) 일반적인 연수는 28인승 우등버스로 이용을 많이 하는데 고위급은 인원수가 적을 뿐만 아니라 장ㆍ차관들이 실무자들과 차량에 동석하는 것을 꺼리기도 한다. 그래서 이번에는 당초 리무진 버스 1대에서 9인승 이하 고급 리무진 2대로 준비하여 장ㆍ차관과 구분하여 이용하였다. VIP만을 상대하는 고급 리무진은 차량 상태와 내부 인테리어가 좋고 가격도 비쌌다. 기사님도 정장 차림에 의전을 잘 해 주었고 경험이 많은 분이라는 것을 느낄 수 있었다.

(7) 고위급 특히 장ㆍ차관급들은 현지에서 긴급 상황이 발생한다. 아니나 다를까, 중간에 총리가 소집하는 회의 일정이 잡혔다. 장관은 최대한 한국에 더 머물고 싶었지만 결국 중도에 귀국하게 되었다. 갑작스럽게 일정이 변경되어 번거로움이 있었지만, 출국까지 잘 안내를 해 드렸다.

◆ 편안하게 다가온 장·차관

장·차관의 이력서를 보았는데, 장관은 40대 중반 여성, 차관은 40대 초반 남성으로 해외에서 유학한 젊은 분들이었다.

장·차관이라는 무게감에 비교하면 젊은 분이라서 그런지, 연수기간 내내 권위적이거나 의전을 따지는 분들이 아니라는 것을 느꼈다. 연수를 맡았던 직원보다 나이가 많았던 장관은 언니 동생처럼 편안하게 대화를 나누고 친근감 있게 대하였다. 준비 과정은 힘들었지만, 막상 만나보니 매우 편안한 분이었다.

◆ 10년 만에 강사와 다시 만난 연수생

고위급 연수다 보니 강의는 실무적인 것보다는 정책적인 강의로 구성하되 개수는 최소화하였다. 오랫동안 관개 개발에 대한 정책 강의를 해 오신 국내 최고의 교수님을 강사로 모시게 되었다. 국내외 학회장도 역임하셨고 강의 경험도 많으시고 국제활동을 많이 하셔서 해당 국가에 맞게 강의를 준비해 주셨다. 10년 전에 에티오피아에 다녀오신 경험도 있으셨다.

교수님이 강의하시던 중에 에티오피아에서 찍었던 10년 전 사진을 보여주시는데 연수생 중 선임 국장이 사진 속의 인물이 자기라는 것이다. 전혀 예상하지 못한 10년 만의 깜짝 만남이었다. 교수님과 연수생은 같이 사진을 찍고 반갑게 인사를 나누었다.

에티오피아 대사관저 만찬   10년 만에 만난 연수생과 강사 / 가운데 장관

문화탐방 청와대   공사 제주지역본부 견학

공사 성읍저수지 견학   제주삼다수 견학

2023년 에티오피아 초청연수

제2장

현지에서 만나다
(현지연수)

1. 내 인생의 첫 연수

캄보디아 농촌개발 분야 역량강화 전략(2016년)

◆ 친근한 캄보디아, 낯설었던 첫 연수

2016년 10월 공사 국제교육교류센터에 발령을 받아서 처음 담당한 연수가 '캄보디아 농촌개발 분야 역량강화 전략' 현지연수였다. 초청연수에 대한 경험도 없던 나에게 현지연수라는 것은 낯설고 부담스러운 일이었지만 보조역할로 연수에 참여하였다. 공사에서 최고의 베테랑인 직원과 같이 연수를 하면서 많은 것을 배웠다.

2013년부터 공사 농어촌연구원에서 국제교류협력업무를 담당하면서, 2015년과 2016년도에는 캄보디아에서 개최되는 국제행사 참석을 위해 여러 차례 출장을 갔다 와서 '캄보디아'가 친근하게 느껴졌다.

◆ 현지연수를 위한 사전답사의 중요성

본 연수는 코이카 다국가(캄보디아, 필리핀, 라오스, 베트남) 연수였지만 2016년에는 캄보디아 참석자만을 대상으로 현지연수를 시행하였다. 다행히 12월 연수에 앞서 11월에 2박 3일 일정으로 사전답사를 다녀올 수 있었다. 사전답사를 통해 코이카 지역사무소, 수원기관(농촌개발부)을 방문하여 연수 준비를 위한 협의를 진행하였고, 행사장 및 현장 견학지 등 사전답사를 진행하였다. 현지연수에 있어서 사전답사가 중요하다는 것을 느끼게 되었다.

현장 견학지 답사   행사장 답사

수원기관 협의   행사장 협의

2016년 캄보디아 현지연수 사전답사

최근 코이카에서 현지연수 준비를 위한 연수기관의 '사전답사'를 대신해서, 코이카 지역사무소를 통하여 현지연수를 준비하도록 하고 있다. 연수 시행기관 담당자는 본 연수에 앞서 2~3일 정도 먼저 도착하여 연수를 준비하도록 하고 있다. 그러나, 코이카 지역사무소에 업무 부담이 가중될 뿐만 아니라 업무 여건에 따라 지역사무소의 지원이 어려울 수 있다. 연수 시행기관이 현지연수를 준비하는 데 많은 애로사항이 발생할 수밖에 없다. 따라서, 원활한 현지연수 수행을 위해서는 연수 시작 1개월 전에 연수기관에서 직접 사전답사를 다녀올 수 있으면 좋겠다.

◆ 수원기관의 협력이 중요하다

연수 수원기관인 캄보디아 농촌개발부(MRD, Ministry of Rural Development)는 연수 준비에서부터 연수가 끝날 때까지 전폭적인 지원을 해 주었다. Sothea 국장을 중심으로 전담 직원(Ms Vuochhong)을 지정하여 우리와 소통하게 하였고 연수기간 중에도 여러 직원을 행사장에 배치하여 개강식 날 연수생 등록부터 수료식까지 우리 연수팀을 지원해 주었다. 수원기관 관리자의 관심과 지원이 있었기에 성공적인 연수가 될 수 있었다.

◆ 우수 마을을 벤치마킹하다

연수생들은 프놈펜에 있는 농촌개발부 소속 중앙정부 공무원뿐만 아니라, 지방에서 오는 지방정부 공무원도 포함되어 있었다. 연수를 위해 지방에서 올라온 공무원들은 캄보디아에서 대표적인 '프놈펜 호텔'에 숙박을 하였다. 연수 참석뿐만 아니라 문화체험(압사라 춤 공연, 메콩강 유람선 식사)을 하는 것에 대하여 즐거워했다. 또한, 프놈펜 인근의 농촌개발 우수 마을을 방문하여 '새마을운동'에 기반한 다양한 농업개발 사례를 벤치마킹하면서 높은 관심을 표명하였다. 한국에 와서 우수 마을을 보는 장점도 있지만, 캄보디아 내에서 우수 마을 견학을 통해 수원국에서 실질적으로 적용 가능한 아이디어를 찾는 것도 의미가 있다는 것을 느끼게 되었다.

◆ 한국 청년봉사단을 만나다

연수 과정에 한국 청년봉사단원 4명이 함께 참석하였다. 캄보디아 연수생들과 같이 강의도 듣고 액션플랜도 작성하였다. 고생하는 청년들에게 맛있는 식사를 대접하면서 격려해 주었다. 무사히 잘 마치고 한국에 돌아가서 잘 정착하기를 바라는 마음이었다.

최근 청년봉사단원들이 자신들의 경험을 잘 살려서 취업했다는 소식을 듣게 되었다. 캄보디아서 만났던 청년들이 각자의 꿈을 찾아 잘 정착하는 모습이 너무 대견스러웠다.

◆ 킬링필드의 아픔, 앙코르의 영광

1975~1979년 폴포트 정권은 지식인을 포함한 국민 2백만 명을 학살하였다. 2015년 처음으로 캄보디아 출장을 갔을 때, 대량 학살의 생생한 현장으로 보존된 뚜올슬렝(Tuol Sleng) 수용소를 방문하였다. 어떻게 이런 일이 일어날 수 있는지 너무나 충격적이었다. 오랫동안 마음이 진정되지 않았다.

반면, 2016년 캄보디아에 국제회의 참석차 다시 방문했을 때, 공식 문화탐방 일정으로 앙코르와트를 방문할 기회가 있었다. 사원의 엄청난 규모와 화려함에 다시 한번 놀랐다. 킬링필드의 아픔과 동시에 앙코르의 영광을 동시에 간직한 국가라는 사실이 참 아이러니하게 느껴졌다.

부디 현대사의 아픔을 잘 치유하고, 오래전 화려했던 국가의 영광을 다시 찾기를 바란다.

개강식

농촌마을 현장견학

액셔플랜 강사 / Sothea 국장

수료식

현지 TV방송

현지 신문보도

2016년 캄보디아 현지연수

국제개발협력 'ODA 연수' 전문가 되기

2. 태국에서의 남남협력

태국 TICA 지속가능한 농촌개발 공동연수(2017년)

◆ 태국에도 원조 기관이 있다

코이카로부터 태국의 지속가능한 농촌개발 공동연수를 위한 강사를 추천해 달라고 요청을 받고, 강사로 참석하기로 하였다. 코이카가 글로벌연수사업으로 태국의 TICA(태국 국제협력단)와 농촌개발에 대한 공동연수를 시행하고 있었다. 코이카의 역할은 우리 비용으로 TICA에 한국 전문가를 강사로 파견하는 것이다.

1인당 GDP가 7천 달러 수준인 태국에서 국제원조를 담당하는 한국의 코이카와 같은 역할을 하는 TICA가 있다는 것이 놀라웠다. TICA가 설립된 2004년이면 약 5천 달러 수준이었다. KOICA가 설립된 1991년 우리나라가 7천 달러였던 것에 비하면 꽤 이른 시기에 설립이 된 것이다. 태국이 동남아시아에서 선도국가로서 역할을 하고 싶어 한다는 것을 느끼게 된다.

한국을 대표하여 코이카에서 파견하는 농촌개발 전문가로서 강의한다는 것이 부담도 되었지만, 개인적으로는 영광스러운 경험이었다. 한국에서 외국인 연수를 담당하고 있는 센터 직원으로서 해외에서는 어떤 식으로 연수를 준비하고 운영하는지 알아보고 싶은 마음이 컸다.

◆ 태국에서의 남남협력

좋은 강의를 위해 강의자료를 열심히 준비하였다. 태국 방콕의 코이카 지역사무소에 방문하여 현지 코디네이터와 면담을 하였고 강의 장소로 이동하였다. 이번 연수는 태국의 Silpakorn 대학에서 위탁 시행을 하고 있었고, 연수생들은 라오스 등 인근 국가에서 온 10명의 공무원이었다. 태국에서 다른 동남아시아 공무원을 대상으로 연수를 하는 것이다.

수학을 배우고 있는 학생을 가장 잘 가르쳐 줄 수 있는 사람은 대학교 수학과 교수님이 아니라 1~2살 더 먹은 형과 누나들이다. 눈높이에 맞게 더 잘 이해가 되도록 가르쳐 줄 수 있고 유사한 시행착오를 해 본 경험이 있기 때문이다.

국제개발협력에서도 개도국 발전을 위한 노하우를 선진국만이 가르쳐 줄 수 있다는 것은 오해이다. 오히려 5~10년 정도 발전이 앞서 있는 비슷한 국가에서 더 유익한 노하우를 가르쳐 줄 수 있다. 서로 유사한 자연환경과 사회경제적 환경을 가지고 있기 때문에 공감하는 부분이 많이 있다. 이처럼 남남협력은 남반구에 주로 위치한 개도국들끼리 서로 협력해 나가는 것이다.

2017년 아프리카 수단 출장 시 농촌마을을 방문한 적이 있다. 그때 농촌마을의 소액금융 도입에 대해 토론회가 벌어졌는데 인도와 방글라데시에서 온 참석자들이 수단 관계자들에게 실질적인 도움을 주었다.

◆ 철학이 담겨 있는 연수계획

개도국에서 시행되는 연수 과정에서 숙소, 식당 등 연수 시설이 현대적이지는 않다. 그러나, 연수를 담당하고 있는 교수님을 통해 연수계획서, 모듈과 강의 및 현장 견학지 등에 대한 정보를 얻었다.

연수를 통해 무엇을 하려고 하는지, 연수목표와 방향성이 자세히 정

농촌개발 강의

기념촬영

연수 안내 책자

국별보고 안내문

과정 평가지

2017년 태국 TICA 공동연수

립되어 있었다. 각 강의 및 견학지에서 어떤 내용을 전달해야 하는지, 무엇을 배우도록 할 것인지 명확하였다. 한국에서 작성하는 연수계획서보다 더 깊이 있는 고민과 연수에 대한 철학이 느껴졌다. 그리고, 연수 이후에 어떻게 성과를 평가하고 관리할 것인가에 대해서도 고심하는 것을 느낄 수 있었다.

3. 검은색은 아름답다

수단 AARDO(아프리카아시아농촌개발기구) 연수기관 협의회(2017년)

◆ AARDO는 어떤 기관인가

AARDO는 아프리카와 아시아의 농촌개발을 위해 1962년에 설립된 국제기구로서 31개국과 2개의 농업기관이 회원이고, 인도에 사무국을 두고 있다. 한국을 포함하여 대만, 인도, 방글라데시, 파키스탄 등 아시아 국가와 이라크, 요르단, 예멘 등 중동 국가 및 이집트, 수단 등 아프리카 국가가 회원국으로 참여하고 있다. 한국에 있는 극동지역사무소(한국FAO 협회에 설치)를 포함하여 6개국에 지역사무소를 두고 있으며, 매년 회원국을 대상으로 농업 수자원(관개), 농촌개발 등에 대한 연수를 시행하고 있다.

◆ 코이카 연수를 시작하다

2017년 AARDO와 코이카가 MOU를 통하여 코이카 글로벌연수사업의 일환으로 AARDO 회원국을 대상으로 다국가 연수를 시행하기로 하였다. AARDO 주관으로 코이카와 공사를 포함하여 AARDO 연수를 시행하고 있는 여러 국가의 연수기관이 모여서 향후 연수 협력 방안을 논의하는 회의를 수단에서 개최하였다. 회의에는 코이카, AARDO 극동지역사무소(한국 FAO 협회), 공사 직원 각 1명씩 참석하였다.

◆ 첫 아프리카 출장

아프리카에 처음 가는 출장이어서 설렘이 컸다. 두바이를 거쳐 낯선 수단에 도착하였다. 연수기관들이 모이는 회의에 참석하여 각 기관이 계획하는 연수에 대하여 설명하였다. 공식적인 회의를 마치고 수도에서 가까운 농촌마을을 방문하기도 하였다. 마을에서는 외국에서 방문한 손님들을 따뜻하게 맞이해 주었다. 농촌 마을개발에 대한 현장 워크숍이 개최되어 소액금융 등 다양한 농촌개발사업 추진 사례를 발표하여 참석자들과 토론하는 시간을 가졌다. 농촌 지역의 소액금융이 활발하게 운영되고 있는 인도, 방글라데시 참석자들이 많은 조언을 해 주었다. 경제적으로 수단보다 조금 앞서가고 있고 농촌의 현실이 유사한 국가에서 현실적인 도움을 주는 것을 보고 이것이 남남협력의 모습이라는 것을 느끼게 되었다.

◆ 검은 것이 아름답다

주최 측에서 다양한 문화공연과 현지 음식을 대접해서 새로운 체험을 할 수 있었다. 다만, 수도였지만 도시 인프라가 열악하였다. 같이 참석했던 이집트 참석자들과 같이 전통시장을 구경할 수 있었다. 수단이 이슬람 국가이면서 아랍어를 사용한다는 것이 신기하였다. 시장을 다니면서 이집트 참석자들은 의사소통에는 전혀 문제가 없었다.

이집트 사람들은 시장에서 손이나 몸에 검은색으로 그림을 그리는 '헤나'를 구입하였다. 나뭇잎을 건조시켜 만든 가루인데 물을 섞으면 검은색으로 변하게 되고 그것으로 손이나 팔에 그림을 그린다. 왜 다른 색

국제개발협력 'ODA 연수' 전문가 되기

도 아닌 검은색으로 그림을 그리는지 물어봤더니, 돌아온 대답은 "검은색은 아름답다"라는 것이다. 이제까지 살면서 '검은색'이 아름답다고 생각해 본 적이 없었다. 무지개 색깔처럼 알록달록한 색깔이 화려하고 아름답다고 생각했었다. 나의 시선이 편협했구나, 세상을 바라보는 시선이 얼마나 다양한지 느낄 수 있었다.

◆ 미국 비자발급이 어려워지다

수단은 이란, 북한 등과 함께 미국과 사이가 좋지 않은 여러 국가 중 하나이다. 이들 국가를 다녀온 사람들은 미국 비자를 발급받을 때 반드시 인터뷰를 거쳐야 한다. 일반 관광객들이 인터넷을 통해 쉽게 발급받을 수 있는 비자를 발급받을 수가 없다.

회의전경

환영만찬

AARDO 사무총장 / 농업부 차관

농촌마을 현장견학

2017년 수단 AARDO 연수기관 협의회

국제협력 업무를 하다 보니 2011년과 2017년 이란을 2번 방문하였고, 2017년 수단을 방문하였기 때문에 미국 비자를 받기 위해 인터뷰를 거쳐야 한다. 2022년 미국 비자 신청을 하였는데 미국 대사관에 가서 인터뷰를 하였다. 과거에 왜 이들 국가에 갔었는지 출장 관련 서류를 다 출력하여 인터뷰를 준비하였다. 다행히 특별한 문제 없이 인터뷰를 잘 마치고 비자를 받을 수 있었다. 인터뷰를 한 덕분에 인터넷으로 받게 되는 1년짜리 단수비자가 아니라 10년짜리 비자를 받을 수 있었다.

국제개발협력 'ODA 연수' 전문가 되기

4. 차 한잔의 의미

인도네시아 수도권통합 해안종합개발(NCICD) 연수성과
워크숍(2017년)

◆ 연수성과 워크숍에 와 주세요

2017년 코이카 글로벌연수사업으로 인도네시아 고위급과 실무급 연수를 실시하였다. 수원기관인 인도네시아 경제조정부에서 2017년 1차 연도 연수에 대한 성과발표회 및 향후 연수에 대한 워크숍을 개최하니 참석해 달라는 요청을 받았다.

연수가 끝나고 해당 국가의 중앙부처에서 연수생을 대상으로 성과발표회를 개최한다거나, 연수 시행기관의 담당자를 초청하는 사례는 드물다. 그만큼 경제조정부에서 본 연수에 대하여 중요하게 생각한다는 의미이다. NCICD사업의 이해당사자가 경제조정부 1개 기관이 아니라 해양조정부, 국가개발기획부, 공공사업부, 자카르타 주정부 등 13개 기관이나 된다고 하니 경제조정부에서 본 연수를 중요하게 생각하였다.

인도네시아 자카르타를 3박 4일 짧은 일정으로 방문하여 경제조정부에서 준비한 워크숍에 참석하였다. 고위급 연수에 참석했던 경제조정부 차관과 직원들, 코이카 지역사무소 직원들도 참석하였다. 고위급과 실무급 연수에 참석했던 연수생 일부가 참석하여 연수성과를 발표하였고 우리도 향후 2~3차 연도 연수계획을 설명하고 인도네시아 측의 의견을 청취하였다. 이를 통하여 2~3차 연도 연수도 성공적으로 시행할 수 있었다.

◆ 차관과 차 한잔의 의미

성과발표회를 마치고 인도네시아 공공사업부 건물 내에 마련된 공사 NCICD 용역단 사무실을 방문하여 공사 직원들과 미팅을 했다. 실무급 연수에 참석했던 인도네시아 직원들도 만날 수 있었다. 때마침 고위급 연수에 참석했던 공공사업부 차관이 사무실에 있다고 하여 인사를 나누기 위해 찾아갔다. 반갑게 우리 일행을 맞이해 주고 차를 마시고 환담을 나누었다.

차관과의 만남을 마치고 나오는데, 공사 용역단에서 일하고 계신 전문가분 말씀이 차관급 고위인사가 우리를 만나준 것은 특별한 케이스라는 것이다. 사업수행을 위해 현지에 나가 있는 용역단 관계자들은 잘 만나주지 않는다고 한다. 국장급 인사를 만나기도 어렵다고 한다. 고위

워크숍 전경

연수생 성과발표

하천 수위가 도로보다 높음

적은 비에도 침수 발생

2017년 인도네시아 현지 발표회

국제개발협력 'ODA 연수' 전문가 되기

급들은 바쁘기도 하지만 용역단의 위치가 그분들에게 '을'의 입장이기 때문이라고 한다. 우리 센터 직원들은 '을'의 입장이 아니라 연수를 하면서 '동등한' 위치에서 친분을 쌓는 것이기 때문에 가능하다는 것이다.

생각을 해 보니, 연수 과정을 하면서 많은 고위급 인사를 만나기도 하고 고위급에게 맞게 의전이나 예우를 해 드린다. 그러나, 갑과 을의 관계라기보다는 연수 담당자로서 성공적인 연수를 위해 일을 하기 때문에 서로 편하게 대할 수 있는 협력관계였다. 연수를 위해 만든 왓츠앱 방에서도 필요할 때마다 편안하게 의사소통을 할 수 있었다. 연수 담당자로서 만나게 된 개도국 고위급 인사들에게는 더 편안하게 다가갈 수 있었다. 지금도 고위급 연수생분들과 편안하게 메시지를 주고받고 있다.

5. 인도네시아에서 다시 만난 연수생
인도네시아 수도권통합 해안종합개발(2019년)

◆ 아버지가 바라는 것

2019년 10월 14일 아버지가 돌아가셨다. 아들이 해외를 다니며 일을 하는 것을 좋아하셨고, 건강하게 일을 잘하도록 매일 기도해 주시는 분이었다. 장례식을 치른 직후여서 해외 출장을 갈 수 있겠냐고 전화가 왔지만 갈 수 있다고 답변을 드렸다. 이미 몇 개월 전부터 현지연수에 강사이자 연수지원 인력으로 참여하기로 예정되었기 때문에 장례식을 마치고 자카르타로 출발하였다. 아버지도 천국에서 아들이 잘 마치고 돌아오기를 바라셨을 것이다.

2016년 10월부터 국제교육교류센터에서 일하다가 2019년 4월 충남지역본부 당진지사로 발령을 받았다. 2017년부터 인도네시아 수도권통합 해안종합개발 연수를 담당하여 2018년까지 동일한 주제로 7번의 연수를 수행하였다. 짧은 기간 동안 동일 국가와 주제를 가지고 이렇게 많은 연수 과정을 수행하는 사례는 없을 것 같다. 7번의 연수 과정 중 코이카 글로벌연수사업이 4번, 코이카 사업연수가 3번이었다. 그래서 인도네시아는 친근한 국가이고 아는 연수생들이 많았다.

그래서, 다른 부서에 발령받아 근무하고 있었지만 2017년부터 시작한 3개년도 마지막 연수인 2019년 현지연수에 어떤 형태로든 기여하고 싶었다. 다행히, '시화개발사업'을 주제로 강의를 맡게 되어 강사이면서 연수팀 지원 인력으로 참여할 수 있게 되었다.

◆ 자카르타 현장을 보다

한국을 다녀갔던 연수생들을 다시 만날 수 있었고 매번 왓츠앱으로만 연락을 주고받던 코이카 현지사무소 직원과 수원기관(경제조정부)의 담당자를 만나서 반가웠다.

한국 전문가들과 같이 땅이 가라앉고 있는 자카르타 해안가 현장을 둘러볼 수 있었다. 지하수 과다 사용과 도시개발로 인하여 해안가 지역부터 지반(땅)이 가라앉고 있어 바닷물의 높이(조위)가 높으면 바닷물이 해안가 주거지역으로 넘치는 심각한 상황이었다. 해결방안으로서 해안가 외측에 방조제를 축조하여 바닷물의 유입을 막고 내측을 개발하는 계획을 수립하였다. 한국의 새만금사업과 같이 방조제를 축조하고 내측을 개발하는 사업모델을 벤치마킹하고자 코이카 사업으로 공사가 컨설팅을 진행하고 있었다. 코이카 사업과는 별개로 코이카 글로벌연수사업으로 채택이 되어 사업연수와 코이카 글로벌연수사업을 공사가 동시에 하게 되었다.

이번 현지연수를 통해 7번의 연수를 하면서 말로만 듣던 현장을 직접 둘러보면서 코이카 사업과 연수의 목적을 좀 더 분명하게 이해할 수 있었다. 이처럼 현지연수는 한국 전문가들에게 현장을 이해하고 실질적인 컨설팅을 하는 데 큰 도움을 준다.

참고로, 2019년 인도네시아 정부는 수도를 자카르타에서 칼리만탄 섬으로 이전하기로 발표를 하고 수도 이전을 추진하고 있다. 자카르타의 지반침하 문제를 근본적으로 해결하는 것은 아니지만 수도가 가라앉고 있는 상황에서 이전하는 것을 대안으로 마련한 것이다. 수도 이전과 별개로 자카르타 지반침하 문제를 해결하기 위한 제방축조 등 관련

사업은 추진하고 있다. 2024년 출범하는 새로운 정부에서 어떻게 해결해 나갈지 궁금하다.

◆ 현지에서 다시 만난 연수생들

인도네시아는 내가 가장 많은 연수 과정을 담당했던 국가이고 특히 본 연수 과정에서 Key person으로 2017년과 2018년에 연속으로 만났던 경제조정부의 Yus와 Dandi를 다시 만날 수 있었다. 또한, 2019년 국제교육교류센터를 떠나기 전 마지막으로 2018년 11월에 담당했던 연수 과정의 연수생 8명도 다시 만날 수 있었다.

수많은 연수 과정을 담당해 왔지만, 연수생을 한국에서든 현지에서든 다시 만난다는 것은 어려운 일이다. 매번 수료식이 끝나고 공항에서 환송을 나갈 때 다시 만나자고 말을 하지만 실제 그럴 가능성은 크지 않다. 대부분 개도국 연수생이므로 다른 ODA 연수로 초청되어 한국에 오지 않는 한, 해외 출장 또는 개인 휴가로 다시 만나는 건 어렵다. 왓츠앱 방에서 1년에 새해, 크리스마스 등 특별한 날에 안부 인사만을 전할 뿐이다.

인도네시아는 연수 과정을 통해 깊이 인연을 맺은 나라로서 현지연수를 통해 최대한 많은 분을 만나고 싶었다. 다시 만나서 식사도 하고 개인적인 선물도 주고받았다. 지난 연수 과정의 추억을 되새기며 다시 만남을 기약하였다. 특히 Yus는 본인 집으로 저녁 식사에 초대하여 그의 아내도 만날 수 있었다. Dandi는 호텔로 아내와 아들을 데리고 와서 인사를 시켜 주었다. 두 사람은 초청연수로 한국에 왔을 때 홈비지팅으로 우리 집을 방문하여 우리 가족들과 같이 저녁 식사를 하기도 하였다.

◆ 한국에서 다시 만난 연수생들

2023년 인도네시아 공공사업부 8명 중 Ms. Anggia와 Mr. Hatta는 코로나 이후에 한국에 다른 연수 과정에 참석자로 한국에 와서 다시 만날 수 있었다. 본인들이 직접 나에게 왓츠앱으로 연락을 주었다. 나를 기억하고 한국에 왔다고 연락을 주는 것만으로도 너무 감사해서 밤늦은 시간이었지만 찾아가서 만났다.

공공사업부의 Mr. Harlly라는 공무원은 2017년 초청연수에 참석한 이후에 코이카 석사과정 장학생으로 선발되어 한국에 공부하러 다시 왔다. 같이 만나서 식사를 하기도 하였고 2018년에 한국 초청연수에 참여한 공공사업부 공무원들을 만나서 시간을 보내기도 하였다.

강의

다시 만난 2018년 연수생

액션플랜 그룹토의

배수장 견학

2019년 인도네시아 현지연수

6. 잠재력이 많은 에티오피아

에티오피아 낙농업 역량강화(2023년)

◆ 갑작스러운 현지연수

2023년 코이카 글로벌연수 신규사업으로 '에티오피아 낙농업 역량강화'(23~25년) 연수 과정을 시행하게 되었다. 코이카는 2023년 신규로 추진하는 연수 과정의 경우 1차 연도 온라인연수, 2차 연도 이후 초청연수를 시행하는 것을 원칙으로 하였다. 그러나 에티오피아의 경우 현지 지역 여건상 인터넷 사정이 여의치 않아 온라인연수가 불가하고 초청연수도 불가한 상황이었다. 에티오피아는 한국 내 불법체류자가 많이 발생하는 국가로서 외교부로부터 비자발급이 제한됨에 따라 코이카에서 당분간 초청연수를 시행할 수가 없게 되었다. 따라서, 코이카는 대안으로 현지연수 추진을 연수 시행기관에 제안하였다.

당초 온라인연수로 시행하는 것으로 계획했던 상황이라 갑작스럽게 현지연수로 변경하기는 쉽지 않은 결정이었으나, 현지 여건과 코이카의 상황을 고려하여 현지연수를 추진하기로 하였다. 다행히 우리 센터는 이미 여러 차례 현지연수를 시행한 경험이 있어서 가능한 결정이었다.

◆ 두 번째 아프리카를 가다

아프리카를 처음 간 것은 2017년 코이카와 함께 AARDO(아프리카아시아농촌개발기구) 연수기관 회의 참석을 위해 수단을 다녀왔을 때이다. 이번에는 두 번째라 두려움도 설렘도 크지는 않았다. 그러나 내가 아는 에티오피아에 대한 정보는 6·25전쟁 때 참전했던 고마운 국가, 커피의 원산지인 국가, 아프리카의 관문으로서 내륙으로 들어갈 때 많은 비행기가 경유하는 국가라는 정도이다.

에티오피아 수도 아디스아바바의 풍경은 내가 생각했던 아프리카의 모습과 다르지 않았다. 정비되지 않은 도로, 노후화된 차량, 공사가 중단된 건물들, 길거리에서 물건을 파는 사람들이 많았다. 색다른 것은 에티오피아 정교회 건물들과 공원들이 많다는 것이었다. 많은 공공 인프라 구축이 시급해 보였다. 수도의 사정이 이러하니 지방 도시는 더욱 열악할 것이라 예상이 되었다.

◆ 잠재력이 많은 나라

에티오피아는 국토면적은 1.1억 ha, 인구는 1.3억 명으로 면적은 대한민국의 11배, 인구는 2.4배로 큰 국가이다. 해발고도가 높아 아프리카이지만 날씨가 덥지 않고 사막의 비중이 작아 활용할 수 있는 토지가 많이 있다. 또한, 나일강 상류에 위치하여 수자원 확보에도 유리한 조건을 가지고 있다. 가장 오래된 인간의 화석인 '루시'가 발견되었다는 점에서 나일강을 중심으로 화려한 문명의 발달이 이루어졌을 것이다. 영어를 사용할 수 있는 국가이고 커피의 원산지로서도 유명한 국가이며 아프리카 최대의 목축업 국가이기도 하다.

에티오피아는 발전의 잠재력이 큰 국가이다. 인구가 1억 명이 넘는다는 것은 수출이 아닌 내수시장으로 경제가 돌아갈 수 있는 국가이다. 외국 기업의 입장에서는 좋은 시장 규모이다. 영어가 된다는 것은 자국민들이 해외에 나가서 일하는 데 좋은 조건이다. 실제 영어가 가능한 인도 등 서남아시아 국가 국민들이 중동에서 많은 일을 하고 있다.

국토의 면적이 넓고 덥지 않은 날씨와 나일강 상류에 있어 수자원개발이 가능하다는 것도 농업발전과 산업발전을 이루는 데 좋은 조건이 된다. 수자원을 이용하여 농업과 공업발전을 위한 물 공급이 가능할 뿐만 아니라 수력발전을 통하여 전기 공급까지 가능하기 때문이다. 마지막으로 커피 원산지로서 커피산업을 더 발전시켜 나갈 수 있다. 세계적인 커피 기업을 만들 수도 있다. 뿐만 아니라, 커피농장을 방문하여 커피 생산과 가공을 직접 체험하고 커피를 마셔보고 구입하는 관광상품을 만들어 볼 수도 있다. 가장 오래된 인류 화석인 '루시'가 있어, 커피 관광과 연계하여 역사 관광지로 개발할 수도 있다.

◆ 발전 저해요인

그러면, 왜 이러한 조건에도 발전이 되지 못했을까? 오랜 종족 간의 내전으로 인하여 내정이 불안한 것이 가장 큰 원인인 것 같다. 북부 지역에는 계속 내전이 진행 중이고 심할 때는 여행이 금지되거나 인터넷이 차단되기도 한다. 오랜 내전의 결과로 북쪽에 바다를 접하고 있는 '에리트레아'가 독립을 하게 되면서 에티오피아는 바다가 없는 내륙국가가 되어 버렸다.

이는 단순히 국토면적이 작아지는 차원을 떠나 항구를 활용한 해상 무역이 불가해지는 큰 문제가 발생하게 되었다. 자국에서 생산한 수출품들을 인근 국가의 항구를 이용해야 하므로 높은 물류비가 발생하게 되는 것이다. 인구가 많지만 낮은 소득으로 인하여 구매력이 없으므로 자국 기업뿐만 아니라 외국 기업들의 투자가 이루어지기 어렵다. 그래서인지 다른 국가에서 쉽게 볼 수 있는 글로벌 대기업들의 간판을 볼 수 없었고 물건을 살 수 있는 대형 슈퍼마켓이나 쇼핑몰을 찾기가 어려웠다. 수도의 중심가였지만 치안이 불안하여 밤뿐만 아니라 낮에도 호텔 밖에 자유롭게 다니는 것이 어려웠다. 해외 출장을 많이 다녀봤지만 이렇게 밖에 다니는 게 불안한 국가는 처음이었다. 하루속히 내전이 종식되고 내정이 안정되어 에티오피아가 가지고 있는 잠재력을 활용하여 더 발전해 나가길 바란다.

◆ 이중적인 생각

2023년 에티오피아 경제가 어렵다 보니, 일정 금액 이상의 달러는 해외로 가져가지 못한다고 한다. 결국, 외국 기업 입장에서는 에티오피아에서 사업을 통해 얻은 수익금을 가지고 나가지 못한다는 것이다. 당연히 외국 기업이 에티오피아에 투자할 이유가 없는 것이다. 투자가 안 되니 돈이 부족해지고 일자리도 늘지 않고 다시 경제가 나빠지는 악순환이 발생하고 있는 것이다.

나는 한국에 있는 많은 외국 기업들이 기업활동을 하면서 얻은 수익금이 해외로 빠져나가는 것을 마냥 부정적으로 보았다. 에티오피아에서 외국인(한국인)의 시각으로 바라보니 한국에 외국 기업이 많은 투자를 해 주기를 바라면서도 수익금을 가져가는 것에 대해 부정적으로 생각한 것이 이기적인 생각일 수 있다는 것을 느끼게 되었다.

베트남 출장을 갔을 때 하노이 근처에 우리나라 대기업에서 대규모 공장을 지었는데 베트남 사람들에게 가장 인기 있는 직장이라는 말을 들었다. 당시 현지인은 한국기업에서 베트남에 공장을 지어서 일자리를 만들어 주는 것이 다른 어떤 ODA 사업보다 더 중요하고 필요하다고 하였다.

◆ 훌륭한 전문가들과 함께하다

현지연수에서 중요한 성공 요인은 좋은 강사진을 구성하는 것이다. 센터에서도 낙농업과 관련된 연수를 처음 하는 것이므로 관련 전문가를 찾아서 강사진을 꾸려야 했다. 다행히 에티오피아에서 낙농업에 대한 코이카 사업에 경험이 풍부한 교수님을 만나게 되었다. 경륜이 있으신 교수님을 중심으로 젊으신 교수님들이 한 팀을 이루어서 연수 모듈과 강의, 현장 견학지 등 많은 부분을 이끌어 주셨다. 해당 분야에 대한 전문적인 지식뿐만 아니라 개도국 현지에서의 적용 방안, 사업화에 대한 경험과 이해도가 높으셨다.

아무리 한국에서 높은 전문지식을 갖고 있더라도 개도국의 자연환경, 사회경제적인 부분까지 고려하여 접목시키는 것은 어려운 일이다. 따라서, 현지연수를 수행할 때는 해외사업에 대한 이해도, 현지 수원국에 대한 이해도를 가진 전문가를 찾아서 강사진을 구성하여야 한다.

◆ 한국 이름 호수

현지연수를 할 때 연수를 도와줄 현지인이 필요하다. 이번에도 통역을 해 줄 수 있는 사람을 찾았다. 이름은 게릴라인데 한국인에게 안 좋은 의미여서 한국 이름 '호수'로 바꿨다고 한다. 개강식, 수료식 등 공식 일정과 현장견학 등 연수 진행에 필요한 현지어(암하리)와 한국어로 통역을 해 주었다.

에티오피아 아디스아바바대학을 졸업한 우수한 학생인데 졸업 후 에티오피아에 한국어 교육을 위해 설립한 세종학당에서 한국어를 1년 동안 배웠다. 이후에 매일 드라마를 보면서 독학으로 한국어를 배웠다고 한다. 현지인을 위한 한국어 수업과 한국 사람들을 대상으로 프리랜서로 통역 일을 하고 있었다.

한국말을 너무 구수하게 잘하였고 마음씨도 예쁘고 사람을 잘 챙겨주는 예의 바른 청년이었다. 호수 씨를 통해 연수 진행에 큰 도움을 받았고 에티오피아에 대한 자세한 이야기를 많이 들을 수 있었다. 연수가 끝난 지금까지도 서로의 소식을 주고받고 있다.

이동 중에 차량 안에서 호수 씨가 대한민국 애국가를 찾아서 들려주었다. 해외에서 애국가를 들은 것은 처음이었는데, 가슴이 벅차고 뭉클하였다. 해외에 나가면 애국자가 된다는 말이 이런 뜻인가 보다.

◆ 호텔 방에 차려진 한국 슈퍼

해외 출장을 다니면서 한국 식료품을 따로 챙겨가지 않는 편이다. 웬만하면 현지에서 적응하려고 노력하기 때문이다. 그러나, 이번에는 컵라면, 햇반, 다양한 반찬, 초코파이, 새우깡 등 과자도 많이 준비하였다. 내가 먹기 위한 것이 아니라 연수팀 중에 필요한 분들에게 드리거나, 현지에서 고생하는 코이카 등 한국인들에게 선물로 주기 위함이었다. 한국에서 가져다줄 수 있는 가장 큰 선물이었다.

통역을 맡아준 호수 씨에게도 한국 커피믹스와 컵라면, 과자를 선물로 주었다. 한국 음식을 너무 먹고 싶다고 하였다. 아프리카 국가다 보니 한국 식료품을 접할 기회가 없다. 또한, 에티오피아 현지에 상점이 발달되어 있지 않아 다양한 물건을 구입하기 어렵다.

액션플랜

개강식

문화탐방

축산개발연구소 현장견학

2023년 에티오피아 현지연수

국제개발협력 'ODA 연수' 전문가 되기

2023년 11월 한국에 초청연수로 참여한 고위급 연수생분들도 한국의 마트를 방문하여 현지에서 필요한 생활용품들을 많이 구입하였다. 현지에서는 물건을 구입하기 어렵다고 한다. 고위급 공무원들도 구하기 어렵다면 일반 국민들도 물건을 사기가 많이 어려울 것이다.

공사 직원 중 에티오피아 사업의 담당자로 5년 넘게 살다가 오신 분이 있다. 막연하게 아프리카에서 고생을 많이 했겠구나 생각을 했는데 막상 에티오피아에 와 보니 얼마나 고생을 많이 했을지 이해할 수 있었다. 치안도 불안하고 물건 구하기도 어렵고 가족들을 데리고 어떻게 생활했을까 생각하니 존경스러운 마음마저 들었다.

제3장

온라인으로 만나다
(온라인연수)

1. 너무 고마운 카메룬 코디네이터

카메룬 농촌지역 경제사회적 발전을 위한
지역지도자 역량강화(2021년, 2022년)

2019년 4월 센터를 떠났다가 2021년 2월에 다시 센터로 돌아와서 처음 맡게 된 연수가 카메룬 과정이었다. 코로나로 인하여 온라인연수로 진행되었는데, 그전에는 대면연수만 했었기 때문에 온라인연수는 처음이었다. 처음 하게 되는 온라인연수라서 직원들에게 배워가면서 구글 클래스룸 세팅, 사전 강의 녹화, 실시간 세션 운영 등을 진행하였다.

◆ 너무 고마운 코디네이터

2021년 연수생들의 온라인 교육환경이 열악하여 코이카에서 노트북과 데이터를 쓸 수 있는 장비를 임차하여 연수생들에게 나눠주었다. 그 과정에서 코이카 지역사무소의 한국인 코디네이터가 수고를 많이 해주었다.

연수 과정을 진행할 때 연수생 선발과 연수 과정 안내 등 현지 지역사무소에서 한국인 또는 현지인 코디네이터가 많은 도움을 준다. 한국인 코디네이터의 경우 코이카에서 선발하여 1년간 현지에 파견하는 직원이다. 사전 OT 및 개강식 또는 수료식 때도 같이 참석하기도 하고, 연수생과의 왓츠앱 방에 같이 들어와서 도움을 주기도 한다.

특히, 온라인연수는 현지에서 갑작스럽게 발생하는 상황을 파악하기가 어렵다. 연수생이 ZOOM에 접속하지 않는 경우, 왓츠앱 방에서 연락이 안 되는 경우에 어떤 문제가 있는지 알기가 어렵다. 현지에서 통신장애, 정전이 발생돼서 연락이 안 되는 것인지? 수원기관에 중요한 행사, 출장이 있어서 참석을 안 하는 것인지? 연수생의 개인적인 문제인지? 알 수가 없다.

이런 문제가 있을 때 연수생 대표를 통하여 확인하는 방법도 있지만, 코디네이터를 통해서 현지 상황을 파악하고 연수생이 잘 참여할 수 있도록 안내할 수 있다.

◆ 집합교육을 실시하다

온라인연수는 공가를 처리하고 인터넷이 되는 장소에서 참석하도록 안내하고 있다. 그러나, 가정에서 인터넷 접속이 원활하지 않아 사무실에 나와서 참석하는 경우도 있고 수원기관의 관리자가 공가를 허락하지 않거나, 연수생이 업무가 많아서 어쩔 수 없이 사무실에 출근해서 참여하는 경우도 있다. 참여시간도 업무시간에 맞춰 참여하기도 하지만 관리자의 지시에 따라 업무시간이 끝나는 오후 4~5시 이후부터 저녁 8~9시까지 참여하는 경우도 있다. 연수생 입장에서는 힘들 수밖에 없다.

카메룬 연수의 경우 2021년에 온라인연수는 사무실과 집에서 참여하였지만 정전, 인터넷 장애가 종종 발생하였다. 그래서, 2022년에는 코이카의 지원으로 수도 야운데에 있는 호텔 회의실을 임차하여 진행하였다.

호텔 회의실에서 집합교육을 하는 것은 효과적이었다. 코이카 지역사무소 직원이 호텔에 출퇴근하면서 매일 연수생의 출석을 체크하고 현지에서 문제가 발생할 경우 지원을 해 주었다. 코이카 지역사무소 직원이 많은 수고를 해 줘야 하는 어려움은 있었으나 연수에 대한 참여도와 연수성과는 좋았다. (1) 사무실 업무에서 벗어나서 연수에 집중할 수 있다. (2) 녹화 및 실시간 강의를 같이 들으면서 학습 분위기가 좋다. (3) 국별 보고 및 액션플랜 작성 시 그룹별로 모여서 작업이 가능하다. (4) 본인 컴퓨터에 문제 발생 시 동료의 컴퓨터를 활용하여 참석할 수 있다.

집합교육이 무조건 다 좋은 것은 아니다. (1) 코이카 직원이 보조 인력으로 도움을 주어야 한다. (2) 장소 임차 등 추가 예산이 소요된다. (3) 숙소를 제공해 주지 않는 한, 호텔에 출퇴근이 가능한 연수생만 참석할 수 있다. (4) 출퇴근 시 안전사고가 발생할 수 있다. 실제로 2022년 연수생 중 한 명이 연수 참석을 위해 호텔로 이동하다가 다리를 다치는 사고가 발생하였다.

◆ 초청연수 없이 아쉽게 끝나다

카메룬 연수는 2020년에 시작하여 3개년 연수를 하기로 하였으나 2020년 코로나로 인하여 연수를 시행하지 못하였다. 2021년과 2022년 온라인연수만 실시하고 3개년 연수가 종료하였다. 2020년 코로나로 인하여 초청연수가 전면 중단되면서 온라인연수로 진행되기도 했지만, 카메룬 연수는 현지 사정으로 인하여 온라인연수도 시행하지 못하였다. 결국, 초청연수를 한 번도 하지 못하고 온라인연수만 하고 끝나게 되어 너무 아쉽게 되었다.

강의녹화

국별보고

액션플랜 발표

수료식 후 기념촬영

실시간 강의

호텔에 모여서 집합교육

2021년, 2022년 카메룬 온라인연수

2. 궁금한 게 너무 많은 알제리

알제리 태양광 발전 시스템 전문가 양성(2021년, 2022년)

코로나로 인하여 2020년부터 연수는 온라인으로만 시행되었다. 2021년 공사에서 신규 사업 분야로 추진하고 있는 신재생에너지 사업과 관련성이 있는 알제리 태양광 발전 연수에 제안서를 제출하여 연수 시행기관으로 선정되었다. 2021년과 2022년 연수는 온라인으로 시행하였다.

◆ 서로가 낯선 온라인연수

온라인연수를 처음 하는 것이라 연수를 준비하는 행정적인 절차와 진행 방법 등 모든 것이 낯설었다. 온라인연수를 위해 2021년에는 구글 클래스룸을 활용하였고 2022년부터는 코이카에서 자체 개발한 씨앗온〈CIAT-ON〉을 사용하였다.

2020년에 온라인연수를 시행한 경험이 있는 직원에게 하나씩 배워가면서 연수를 진행해 나갔다. 이런 낯선 느낌은 강사님들도 마찬가지였다. 카메라를 바라보면서 사전녹화를 한다거나, ZOOM을 통하여 실시간으로 강의를 하거나, 국별보고 및 액션플랜을 진행하는 것도 모두 낯설었다.

◆ 안타까운 현실

알제리는 북부 아프리카에 있는 사막의 나라이다. 수도가 위치한 북쪽 지역을 제외하고는 국토 대부분이 사막이다. 태양광 발전을 하기에는 좋은 지역은 남쪽인데 전기가 필요한 곳은 수도가 있는 북쪽이다. 남쪽에서 생산된 전기를 북쪽 지역까지 연결하는 것이 필요하다. 좋은 자연조건을 가지고 있음에도 불구하고 실제로 이용하기가 어려운 상황인 것이다. 또한, 높은 태양열과 모래로 인하여 태양광 발전의 효율과 부품의 품질 유지가 어렵다고 한다. 이번 연수를 통하여 이러한 문제를 해결하고 싶어 하는 의지가 강하였다.

◆ 좋은 강사님을 만나다

태양광 발전이라는 새로운 분야의 연수를 하려다 보니 강사를 섭외하는 것이 가장 어려웠다. 본사의 신재생에너지 담당 부서를 통해 조언을 구하였고 공사의 신재생에너지 직무교육에 참여했던 내외부 강사리스트를 참고하였다. 태양광 발전과 관련된 공공기관의 홈페이지를 보면서 강사를 찾아보기도 했다. 이런 노력의 결과로 공사 내부, 외부 공공기관과 민간기업의 좋은 전문가를 강사로 모실 수 있었다. 물론 많은 강사님이 온라인 교육이 처음이신 분들이어서 녹화촬영을 할 때 긴장을 한다거나, 시간 관리를 어려워하신다거나, NG가 자주 나기도 했다. 그러나 무리 없이 2023년 3차 연도 연수까지 성공적으로 할 수 있었다.

◆ 선발이 늦어지다

2021년 코이카를 통해 과정안내서를 수원국에 보내고 연수생 선발을 요청하였다. 그러나, 연수 일정이 다가왔음에도 불구하고 연수생 선발이 되지 않았다. 20명을 선발하기로 하였는데 1주일밖에 남지 않은 상황에서 10명도 선발이 되지 않았다. 코이카 지역사무소를 통해 알아보니 선발요청 공문은 오래전에 알제리 정부 측에 보냈는데 실제 연수에 참석해야 하는 수원기관(신재생에너지센터)까지 전달이 안 되었던 것이다. 너무 당황스럽고 이해가 되지 않는 상황이었다.

코이카 지역사무소를 통하여 급하게 수원기관 담당자에게 연락하여 조속히 선발되도록 요청하였다. 결국, 최종적으로 13명이 선발되었는데 선발대상이던 신재생에너지센터, 에너지부 이외에 대학 및 연구기관 교수와 연구원들까지 포함되었다.

가까스로 선발되어 시작은 하였지만, 너무 급하게 선발이 되고 당초 예정했던 기관이 아닌 분들이 참여를 하다 보니 연수생들도 연수 참여를 위한 준비와 연수에 대한 이해도가 낮았다. 일부 연수생의 경우 참여율이 낮았고 결국 수료하지 못한 분도 있었다. 아마도 본인들의 희망에 의해서 참여했다기보다는 타의에 의해서 어쩔 수 없이 참여하게 되는 상황이 발생한 것으로 보인다. 다행히 2022년도에는 선발이 잘되어 신재생에너지센터 직원으로 잘 구성이 되었다.

◆ 학구적인 연수생

2021년 연수생들은 신재생에너지센터라는 국가연구소의 석박사급 연구원이었고 추가로 선발된 연수생들도 유관 연구기관의 교수급 연구원들이라 심도 있는 질문과 토론이 이루어졌다. 실시간 강의를 해 주신 어느 민간기업의 강사님은 많은 강의를 해 봤지만 이렇게 깊이 있는 질

문이 들어온 것은 처음이었다고 한다. 액션플랜도 사업구상보다는 연구
과제 제안서와 같은 내용이어서 다른 과정의 액션플랜과는 달랐다.

국별보고 발표

사전 OT / 일정안내

액션플랜 발표

CIAT-ON 설명

개강식 / KOICA 소개

액션플랜 지도

실시간 강의

현지 언론보도

2021년, 2022년 알제리 온라인연수

2022년에는 연수생분들의 요구에 따라 액션플랜 작성을 조기에 마치고 강사들과 질의응답을 하는 토론시간을 가졌다. 연구원들이다 보니 궁금한 것이 너무 많아서, 질문사항을 미리 받아서 강사님들이 잘 준비할 수 있도록 하였다. 다른 강의보다도 연수생들이 가장 만족해하는 시간이었다. 두 번의 온라인연수의 경험을 바탕으로 2023년 초청연수에서도 전문가 토론회 시간을 공식 일정에 넣었다.

3. 가장 멀리에서 만나는 갈라파고스
에콰도르 태양광 발전소 유지관리 역량강화(2021년, 2022년)

코이카 글로벌연수사업으로 공사가 알제리, 에콰도르 태양광 발전 연수 시행기관으로 선정되었다. 코로나로 인하여 온라인 연수로만 진행을 하다 보니, 많은 기관이 응모를 안 한 것 같다. 아무래도 온라인연수를 한다는 것이 경험이 부족한 기관들은 부담스러울 수밖에 없다.

◆ 세계 자연유산 갈라파고스를 살려라

갈라파고스는 다윈의 『종의 기원』이라는 책을 통해 알려진 섬으로서 세계 자연 유산으로도 유명하다. 많은 사람이 평생 한 번쯤은 가보고 싶어 하는 곳이다. 연수 담당자로서 갈라파고스의 태양광 발전에 대한 연수 과정을 한다는 것이 흥미롭고 설레는 마음이었다.

국별보고를 통해 알게 된 사실은 갈라파고스섬 지역의 전력공급을 위해 석유를 사용하는 화력발전소가 있었는데 2001년 석유를 운반하던 유조선이 침몰하는 사고가 났다. 이 사고로 인해, 많은 기름이 바다로 유출되고 갈라파고스 생태계에 엄청난 피해가 발생하였다.

세계적으로 보전해야 하는 자연 유산이 훼손될 뿐만 아니라 에콰도르에서는 관광산업에 엄청난 타격이 발생하였다. 이후 에콰도르에서는 갈라파고스의 화력발전 비율을 줄이고 신재생에너지로 대체하고자 태양광과 풍력발전을 확대해 나가고 있다. 코이카 사업으로 태양광발전소를 건설해 주기도 하였다. 갈라파고스의 자연생태계 보전에 기여한다는 측면에서 의미 있고 보람 있는 연수이다.

국제개발협력 'ODA 연수' 전문가 되기

◆ 너무 미안한 연수생

갈라파고스는 4개의 섬으로 이루어진 지역으로서 연수생들도 4개의 섬에 분산되어 참석하였다. 남미 국가를 대상으로 하는 연수이다 보니 시차로 인하여 아침 7시부터 오전 11~12시에 끝나는 일정으로 잡았다. 현지에서는 업무를 마치고 오후 4시부터 8~9시에 끝나는 일정이다. 업무를 마치고 저녁 식사도 못 한 상태에서 밤 9시까지 사무실에 남아서 온라인연수에 참여해야 해서 미안한 마음이 컸다. 기관장이 업무 중에 온라인연수에 참여하는 것을 허락하지 않았기 때문이다.

온라인연수 시간을 수원기관과 협의를 하는데 코이카와 연수 시행기관에서는 연수생들의 연수 참여도를 높이고 피로도를 낮춰 주기 위해 공가 처리를 하고 집에서 여유 있게 참여할 수 있도록 요청한다. 그러나, 수원기관의 관리자 입장에서는 업무에 지장을 주는 것을 원하지 않는다. 그러다 보니 대체로 점심 이후 또는 업무가 거의 마무리되는 시간 이후로 일정을 잡게 된다.

2022년도에는 연수 시작 시간을 늦추고 하루의 연수시간을 4시간 이내로 조정하여 한국 시간 오전 8~12시, 현지 시간 오후 5~9시로 하였지만, 연수생들에게 너무 미안하였다. 수원기관의 관리자가 연수생들을 더 배려해 주었으면 좋았을 텐데 아쉬움이 컸다.

◆ 돌발 변수에 대처하다

갈라파고스의 전력 사정이 양호하지 않았다. 4개의 섬에 나뉘어서 어느 섬에 정전이 발생하면 해당 섬에서 참석했던 연수생 여러 명이

ZOOM에서 동시에 사라지기도 하였다. 연수생이 에콰도르 본토에 출장이 있는 경우에는 며칠을 빠지는 경우도 발생하였다. 온라인연수를 진행하다 보면 현지에서 예기치 못하는 일들이 자주 발생한다. 인터넷 통신마저 끊기게 되면 어떤 상황인지 파악을 할 수가 없다.

연수생이 갑작스러운 일로 해당 날짜에 배정된 강의를 못 듣는 경우에 녹화된 강의를 나중에라도 들어서 진도율을 맞출 수 있도록 하였다. 실시간 강의도 녹화를 하여 강의 영상을 온라인 플랫폼에 올려서 수강할 수 있도록 배려하였다. 본인이 수료하겠다는 의지만 있으면 현지 여건에 맞게 유연하게 배려해서 모든 연수생이 수료할 수 있다는 것이 온라인연수의 장점이다.

실시간 강의

액션플랜 작성

수료식

코이카 페이스북

2021년, 2022년 에콰도르 온라인연수

국제개발협력 'ODA 연수' 전문가 되기

4. 연수에 진심을 다하다

네팔 홍수 조기경보시스템 개발 역량강화(2023년)

2023년 코이카 글로벌연수사업 공모에 연수기관으로 선정되어 네팔 홍수 연수를 시행하게 되었다. 2023년은 공사 해외사업으로 시행했던 '네팔 수자원 연수'와 코이카 '네팔 홍수 연수'를 하게 되었다.

◆ 1차 연도는 온라인연수

2023년 코로나가 끝남에 따라 초청연수가 본격적으로 시작되었다. 그러나 코이카 글로벌연수사업의 경우 3개년도 연수 과정 중 2023년 도에 시작하는 1차 연도 연수는 온라인연수 시행으로 권장하였다.

코로나로 인하여 온라인연수가 시행되면서 처음에는 코로나가 끝날 때까지 한시적으로만 시행될 것으로 생각했다. 그러나, 코로나가 2~3년간 지속되면서 온라인연수가 하나의 트렌드로 정착되었다. 불편하다고만 생각했던 온라인연수의 장점도 있었다. 코로나가 끝나면 온라인연수는 없어질 것이라고 예상되었지만 온라인연수와 초청연수의 장점을 접목시키는 혼합연수 등 새로운 형태의 연수방식이 만들어졌다.

코이카가 만든 온라인연수 플랫폼인 씨앗온(CIAT-ON)을 많은 연수 시행기관들이 사용하면서 정착이 되어 갔다.

◆ 기관 특성을 고려한 연수 일정

연수 날짜를 정할 때는 연수 시행기관의 일정과 수원기관의 여건을 감안하여 정한다. 이번 네팔 연수의 경우 수원기관의 업무 특성을 고려하여 날짜를 정하였다.

수원기관은 네팔 수문기상청으로 기상과 가뭄, 홍수와 관련된 업무를 하고 있다. 10월까지는 비가 오는 시기여서 업무 특성상 연수에 참여할 수 없다. 우리나라도 기상청, 홍수통제소는 5월부터 10월까지 방재기간으로서 장마철 집중호우, 태풍 등 비상 근무를 많이 한다. 네팔 홍수 연수를 위해 기상청, 홍수통제소 강사님을 섭외하였는데, 8월에 녹화촬영 날짜가 태풍 등 비상 근무로 인하여 수시로 변경되기도 하였다.

해당 기간에는 온라인연수든 초청연수든 네팔 수문기상청 공무원들이 연수에 참여하는 것이 어렵다. 마찬가지로 한국의 기상청, 홍수통제소의 전문가들도 강사로 참여시키거나, 연수생이 기관을 방문하는 것도 어렵다.

수원기관과 협의하여 온라인연수 기간을 10월로 잡아서 진행하였다. 그러나, 연수 기간 중에도 전날에 비상 상황이 발생해서 밤샘 근무를 하고 퇴근 후 연수에 참석하는 연수생도 있었다.

◆ 강사들의 팀워크가 중요하다

홍수, 수자원 분야 전문가를 강사로 모시기 위해 많은 분과 연락을 하였다. 또한, 외부 기관에서 실시한 네팔 홍수 분야 ODA 사업 타당성 보고서, 코이카 기획조사 보고서 등을 참고하였다. 처음에는 쉽게 강사진을 구성할 수 있을 것으로 생각했는데 강사 섭외에 어려움이 많이 있었다. 특히, 국별보고와 액션플랜의 경우 강사는 해당 분야의 전문성뿐만 아니라 영어로 진행하는 것에 대한 부담이 있다. 또한, 강사들의 전문 분야별 역할 분담과 팀워크도 중요하다. 특정 강사가 너무 일방적일 경우 연수 진행이 어려워지고 불협화음이 발생하기 때문이다.

많은 노력 끝에 좌장을 맡아주실 대학교수님을 섭외하였고 교수님을 통하여 다른 강사님들까지 섭외할 수 있었다. 이미 다른 ODA 사업을 같이 해 보신 분들이라 팀워크도 좋았고 전문 분야별로 골고루 분포되었다. 코이카 글로벌연수사업에서 국별보고와 액션플랜 강사로 참여하신 경험이 없었지만 다른 국제회의 등에서 토론 경험이 많아서 진행을 잘해 주셨다.

강사님 중 수자원 분야 연구소를 운영하시는 분이 계셨는데 해당 연구소 직원 중 한국에서 박사과정에 재학 중인 네팔 연구원이 있었다. 실시간 강의를 하시면서 강의 내용 중 일부는 네팔 연구원이 설명을 해 주었다. 네팔 현지 상황을 잘 알고 있는 연구원이 강의에 참여해서 유익한 강의가 되었다.

◆ 연수에 진심을 다하다

강사를 섭외하던 중 국내 수자원 분야 공공기관의 국제교육 담당자와 연락이 되었다. 처음에는 네팔 홍수 연수에 대한 강의만 부탁드릴 생각이었다. 해당 기관에서 국내뿐만 아니라 외국인을 대상으로 한 강의 영상을 제작하였고 무상으로 제공해 줄 수 있다고 하였다. 이후에 협조 요청 공문을 보내고 강의 파일을 제공받아 유용하게 활용하였다.

해당 담당자와 향후 협력방안에 대하여 논의도 하고 이야기를 나눴는데, 담당자의 국제교육에 대한 애정과 더 발전시켜 보고자 하는 진심이 느껴졌다.

연수업무를 하다 보면 다른 기관의 연수업무를 담당하는 분들을 만날 기회가 많이 있다. 코이카에서 시행하는 회의에서 만나기도 하고, 센터를 직접 찾아오기도 하고, 전화상으로 문의를 하는 분들도 많이 있다. 연수업무를 하는 분들 중 연수업무를 좋아하고 진심을 다하는 분들이 많이 있다는 것을 느끼게 된다.

많은 공공기관에서 외국인 연수업무는 비중이 크지 않고 인기가 많은 업무가 아니다. 그럼에도 불구하고 열정과 사명감을 가지고 일하는 연수업무 담당자들이 많다.

액션플랜 지도

실시간 강의

액션플랜 발표

네팔 유학생 강의

2023년 네팔 온라인연수

국제개발협력 'ODA 연수' 전문가 되기

제4장

연수생으로 만나다

1. 인도에서 배울 게 있을까

인도 AARDO(아프리카아시아농촌개발기구) 수자원연수(2014년)

◆ 인도에서 배울 게 있어?

공사가 준회원으로 가입한 AARDO(아프리카아시아농촌개발기구)에서는 매년 몇 차례 회원국을 대상으로 농촌개발, 농업경제, 수자원 등 다양한 주제의 연수 과정을 운영하고 있다. 2014년 인도 NIRD(국립 농촌개발연구원)에서 수자원 관리에 대한 연수를 진행한다는 것을 알게 되었다. 참가 신청을 위해 윗분들께 보고를 드렸더니 "인도에 가서 배울 게 있겠느냐?"는 대답이 돌아왔다.

보통 연수를 간다고 하면 우리나라보다 더 발전된 선진국으로 가게 마련이다. 그런데, 인도에 가서 수자원 관리에 대한 연수를 받고 오겠다고 하니 그런 말이 나올 법도 했다. 2014년 공사에서 '국제교육교류센터' 설립을 준비하고 있던 터라 해외 교육기관은 어떻게 운영하고 있는지 잘 벤치마킹하고 오겠다는 명분으로 참가 허락을 받았다.

공사가 AARDO 준회원 기관이었지만 AARDO에서 주관하는 연수

에 참석한 사례가 처음이었다. 이후부터 매년 AARDO 연수에 공사 직
원을 보냈는데 첫 물꼬를 틀 수 있어서 보람이 있었다.

연수생 기념촬영

◆ 인도에서 배운 게 많다

NIRD는 국립 농촌개발연구원으로서 농촌개발에 관한 연구뿐만 아
니라 교육을 담당하고 있는 기관이다. 우리 연수기간 중에도 다른 주제
의 연수 과정을 진행하고 있었고 내외국인을 대상으로 한 석사학위과
정까지 운영하고 있었다. 연구실뿐만 아니라 강의실, 숙소, 도서관 등이
갖춰진 교육 전문기관이었다. 건물이나 교육 시설이 현대화되어 있지
않고 노후화되어 있었지만, '국제교육교류센터'를 준비하는 입장에서
배울 부분이 많았다.

(1) **영어 도서관**: 교육센터 옆에 도서관이 있었다. 도서관 입구에는 연구원에서 진행 중인 교육과정의 주제에 맞는 참고도서들을 따로 비치하고 있었다. 교육생들이 연수기간 동안 참고도서를 보면서 더 깊이 배울 수 있도록 배려한 것이다. 80% 이상이 영어로 된 도서여서 외국인 아무나 쉽게 와서 정보를 얻을 수 있었다.

(2) **글로벌 식견을 가진 현지 강사**: 연수기간 중 인도 현지 강사들의 강의를 들을 수 있었다. 대부분의 강의가 도입 부분에서 수자원과 관련된 국제적 현황(동향), 문제점을 시작으로 강의가 시작되었고, 중반부에 들어가서 인도의 현황에 대하여 들을 수 있었다. 영어를 공용어로 하는 인도였기 때문에 현지 강사들이 세계의 최신 정보를 너무도 쉽게 습득하고 자신의 것으로 만들고 있었다. 아침에 신문을 읽듯이 편안하게 세계의 모든 정보를 습득할 수 있다는 것이 너무나 부러웠다.

국내 연수에서는 대부분 한국에 대한 이야기를 하게 된다. 물론 한국의 경험과 기술을 배우기 위해 온 것이지만 세계적인 트렌드와 정보를 얻는 데 있어서 뒤처져 있는 게 아닌지 염려가 되었다.

영어가 공용어인 국가의 연수생들은 우리보다 지식습득력이 더 좋다. 실제로 연수생분들의 학력을 보면 해외 선진국에서 석박사 학위를 취득하고 한국 이외 다양한 선진국에서 시행하는 연수에 참여한 경험이 있는 분들이 많았다. 과연 이분들이 더 배워야 할 게 있을까 싶을 정도였다.

(3) **세계 모든 농업을 경험하는 국가:** 인도는 국토의 면적이 넓어 한 국가 안에 다양한 기후환경을 가지고 있다. 덕분에, 다양한 농업을 시행하고 있고 농업기술을 축적하고 있다. 한국에서 농업개발과 관련된 많은 연수를 하고 있는데 한국이 가지고 있는 기후환경으로 인해 논 농업 중심의 농업을 해 왔다. 이런 상황에서 우리의 경험과 기술이 전 세계의 다양한 농업형태를 해결하는 데 한계가 있을 수밖에 없다.

인도 연수를 마치고 느낀 점을 정리하여 향후 공사의 국제교육교류센터를 건립할 때 참고하시도록 보고를 드렸다.

◆ 무엇이 문제인가? 돈, 사람, 기술

연수생 중 모리셔스에서 온 분은 다른 국가의 연수에 참여한 경험이 많았다. 평상시 해외업무를 하면서 궁금했던 것을 그분에게 질문하였다. 개도국 발전에서 가장 큰 어려움이 (1)기술이 없는 것인지? (2)돈이 없는 것인지? (3)사람과 제도의 문제인지? 물었다.

그분의 대답은 첫 번째가 돈이 없는 것이고, 두 번째가 사람의 문제이고, 마지막이 기술이라고 했다. 기술은 이미 본인들도 해외에서 공부하고 오는 사람들이 많이 있어서 기술력은 있다고 하였다. 다만, 외국의 기술이 해당 지역에 적용되기 힘든 것이 문제라고 하였다. 사람의 문제는 ODA 사업이 끝나면 외국 전문가들이 돌아가 버리고, 결국 남아 있는 현지인들이 유지관리를 하고 지속시켜야 하는데 그만한 능력 배양이 따라야 한다는 것이다. 따라서 ODA 사업의 사후 성과를 모니터링하고 평가하는 것도 중요하다고 하였다.

연수생 개인의 의견일 수도 있고, 국가마다 상황이 다를 수 있지만, 그분의 대답을 통해 많은 것을 깨달을 수 있었다. 돈이라는 근본적인 문제를 제외하고 ODA 연수의 관점에서 보면, (1)본인들도 해외에서 얻은 지식과 기술이 있지만, 그것을 수원국에 어떻게 적용할 것인지를 배우는 것이 중요하고, (2)ODA 사업 이후에 수원국에 있는 담당자들이 잘 운영관리하도록 ODA 사업의 성과가 지속적으로 유지될 수 있는 역량을 강화시키는 것이 중요하다는 것이다. ODA 연수의 중요성을 다시 한번 깨닫게 되었다.

◆ 춤 잘 추는 미스터 Lee

연수기간 중 힌두교 최대의 축제인 '디왈리'가 있었다. 폭죽을 터트리고, 식당의 홀에 불을 켜놓고, 축제 장소가 마련되어 있었다. 시내 길거리에서도 밤낮으로 폭죽을 터트리는 바람에 소리가 크게 나고 화약 냄새가 심하게 났다.

식당에 마련된 무대에서 음악을 틀고 연구원의 남녀 직원들이 신나게 춤을 추었다. 신나는 축제에 다양한 나라에서 온 연수생들도 같이 둘러 있었는데 현지인이 나에게 같이 춤을 출 것을 권하였다. 나는 뒤로 빼지 않고 함께 춤을 추었다.

이날 이후로 나를 만나는 현지인들과 연수생들이 한국에서 온 '춤을 잘 추는 Mr Lee'로 나를 기억해 주었다. 그들의 문화에 같이 젖어 들고 함께 즐기는 것도 좋은 경험이다.

연구소에서 진행되는 교육과정

도서관에 전시된 연수 참고도서

액션플랜 그룹토의

펌프장 현장견학

외국인 전용식당

강의

1인 1실 숙소

연구소 전경

2014년 인도 AARDO 연수

2. 미지의 나라 파키스탄

파키스탄 AARDO(아프리카아시아농촌개발기구) 수자원연수(2018년)

공사 게시판을 통해 AARDO 연수가 파키스탄에서 열린다는 것을 보고, 다시 신청하게 되었다. 공사 직원 중 AARDO 연수를 2번 참석한 사람은 내가 유일할 것이다.

◆ 미지의 나라 파키스탄

파키스탄은 한국에서도 잘 알려지지 않았고 실제로 가볼 기회가 없는 국가이다. 내가 아는 것은 아프가니스탄과 인도 사이에 있는 나라이고 인도와의 영토분쟁이 있는 카슈미르 지역이 있다는 정도이다. 파키스탄에 가고서야 인더스 문명의 발생지인 인더스강이 파키스탄 국토의 가운데를 흐르고 있다는 것을 알았다. 또한, 세계에서 두 번째로 높은 K-2 봉을 포함하여 8천 미터 14개 산 중 5개가 파키스탄에 위치한다는 것을 알게 되었다. 등반가들이 수도 이슬라마바드를 통해서 북쪽 지역의 히말라야를 등반한다고 한다. 이 때문인지 따뜻할 것이라는 생각과 달리 저녁에는 추웠다. 잠을 잘 때 숙소에 있던 전기난로를 켜 놓아야 했다.

◆ 친구가 된 무장경찰

이슬라마바드에서 외곽의 견학지를 이동할 때 무장경찰 차량이 연수단 차량 앞에서 안내를 해 주었고 견학지에서 머물 때는 무장경찰이 우리를 호위해 주었다. 분쟁지역이 카슈미르와 인접 지역이었고 테러 등

안전에 대비하기 위한 목적이었다. 처음에는 그분들이 무서웠지만, 나중에는 같이 사진을 찍을 정도로 친구가 되었다. 이슬라마바드 쇼핑센터 등 어느 곳을 다니든 개인과 차량에 대한 보안 검색이 철저하였다. 몇 달 뒤 2019년 2월 카슈미르 지역에서 폭탄테러와 양국(인도-파키스탄) 간의 군사적 충돌이 발생했다는 뉴스를 들었다.

◆ 만년설에서 한국 눈썰매

연수기간 중 쉬는 시간을 이용하여 우리 연수단은 북쪽 지역 고산지대를 방문하였다. 산에 눈이 많이 쌓여 있었고 멀리에는 히말라야산맥의 한 자락처럼 만년설이 있는 높은 산들이 보였다. 히말라야산맥과 연결이 되어 있는 만년설을 보니 웅장하게 느껴졌다. 산에는 다양한 관광지와 놀이시설들이 있었다. 산에 있던 비닐을 이용해서 비닐포대를 타고 눈썰매를 타는 시범을 연수생들에게 보여줬다. 어릴 적 타던 한국의 눈썰매를 알려주었고 다른 연수생들도 따라서 눈썰매를 타면서 즐거워하였다.

◆ 태극기 머그컵

해외에 나가면 현지 시장을 둘러보면서 구경도 하고 기념품을 사는 재미가 있다. 언제부터인가 그 나라를 상징할 수 있는 종을 모으는 것이 취미가 되었다. 이번에도 종을 찾으러 기념품 가게를 둘러보았는데 태극기와 파키스탄 국기가 같이 새겨진 머그컵을 발견하였다. 많은 파키스탄 사람들이 한국에 와서 일한다는 이야기는 들었지만 한국 사람이 파키스탄을 방문하는 일은 흔하지가 않다. 파키스탄에 사는 한국 사람들도 거의 없다. 그런데 기념품 가게에 태극기 머그컵이 있다는 것이 너무나 신기하였다. 정말 한국 사람들이 와서 살 것이라고 기대를 하고 만들었을까? 한국을 생각하는 그 마음이 너무 고마워서 사지 않을 수 없었다.

◆ 물이 귀한 곳

인류 4대 문명 발생지 중 하나인 인더스강이 파키스탄을 정중앙으로 흐르고 있다. 인더스강 주변으로 풍부한 수자원을 이용하여 화려한 문명의 발전을 이루었을 것이다. 4대 문명 발생지가 현재까지 왜 이어져 오지 못했는지는 의문스럽다.

히말라야산맥으로부터 인더스강을 통해 내려오는 수자원이 풍부할 것 같지만 실제 파키스탄은 강수량이 적은 건조지역이 많아 수자원이 부족한 실정이다. 연수기간 중에 방문한 농업연구소에서 물 절약 농법에 관한 많은 연구를 하고 있었고 TV에서도 수자원 확보를 위한 댐 건설 대국민 모금 운동 광고가 나오고 있었다. 인더스강 상류에 143억 톤에 달하는 엄청난 규모의 Tarbela댐이 있지만, 신규 수자원개발이 더 필요한 실정이다.

개강식

국별보고 발표

현장견학 / 수력발전소   현장견학 / Irrigation 연구소

문화탐방 / 이슬람사원   수료식

◆ 한국 게스트하우스에서 마지막 만찬

연수기간 중 여러 나라에서 온 참가자들이 함께 춤을 추며 즐기는 시
간이 마련되었다. 파키스탄의 전통 음악에 맞춰 춤을 추기도 했는데, 내
가 한국에서 왔다고 하니 바로 '강남스타일' 노래를 틀어주는 게 아닌
가. 결국, '강남스타일'에 맞춰 춤을 추었고 모두가 함께 즐거운 시간을
보냈다.

마지막 출국 날, 연수기관의 파키스탄 직원이 오만에서 온 연수생과
함께 나를 공항까지 픽업을 해 주기로 하였다. 우리 연수생들을 위해 수
고해 준 직원들에게 한국 게스트하우스에 들러서 한식을 대접하기로
하였다. 한국의 회사에 근무하시다가 퇴직 후 게스트하우스를 차렸다고
한다. 지하에는 한국음식, 기념품 등 작은 슈퍼마켓이 차려져 있었다.

파키스탄 직원과 같이 한국 음식을 먹으면서 우리를 위해 수고해 준 고마움을 표시하였다.

연수생들과 환송만찬을 마치고

돌솥밥으로 마지막 만찬

◆ 안타까운 홍수피해

뉴스를 통해 파키스탄에 2022년 6월부터 10월까지 전국에 내린 폭우로 인하여 전 국토의 3분의 1이 물에 잠기는 피해를 보았다는 소식을 접하였다. 불과 몇 개월 동안 연평균 강수량의 몇 배에 달하는 엄청난 강수량이 내린 것이다. 약 2천 명의 사망자, 3천만 명의 이재민, 152억 달러의 경제적 피해가 발생하였다.

국제개발 협력업무를 오래 하다 보니 내가 다녀왔던 국가 또는 연수를 담당했던 국가의 소식에 관심이 가져진다. 좋은 소식도 있지만 이처럼 자연재해, 분쟁 등의 소식이 들려오면 남의 이야기처럼 들리지 않는다. 나와 인연이 있던 모든 나라의 안녕과 발전을 기원한다.

◆ 연수 담당자에 대한 기억

AARDO 연수에 연수생으로 두 번을 참석하였지만, 미안하게도 연수 담당자 얼굴만 기억이 나고 이름이 기억나지 않는다. 연수계획을 수립하고 일정을 안내하고 현장견학 시 도시락을 챙겨주고 연수생에게 문제가 생길 때 대처해 주었다. 한국에서 연수 담당자로서 내가 했던 일을 그분들도 우리에게 해 주었다. 막상 연수 담당자로서 많은 과정을 담당해 보니 그분들에게 감사의 마음을 제대로 전하지 못한 것이 미안하다.

내가 만났던 수많은 연수생들 중 연수 담당자인 나의 이름을 기억하는 사람들은 극소수일 것이다. 나에게는 연수 과정 하나하나가 소중하고 기억에 남는 과정이었지만 연수생들에게는 한국에서 보냈던 장소와 시간에 대한 추억이 더 강할 것이다. 연수 담당자였던 나를 얼마만큼 기억할지 의문이다. 그래도 가끔 잊지 않고 먼저 SNS로 안부를 묻거나 한국에 방문할 일이 있을 때 연락을 주면 너무 반갑고, 감사하다.

제5장

강사로 만나다

2012년 가나 연수를 시작으로 2023년까지 초청연수와 현지연수를 비롯하여 20여 차례 연수 과정에서 강의를 하게 되었다.

◆ 잊을 수 없는 첫 강의

외국인을 대상으로 강의를 한 것은 2012년 가나 연수가 처음이었다. 공사 해외사업처 직원으로부터 '농업용수'와 관련된 강의를 요청받았다. 영어로 강의해야 한다는 부담감에 고민을 많이 했지만 용감하게 도전하기로 하였다. 가나 연수생들에게 친근감을 표현하기 위해 마트에서 '가나 초콜릿'을 사서 강의를 시작하기 전에 나눠주었던 기억이 생생하다. 영어가 많이 부족해서 준비된 영어 스크립트를 보면서 강의를 했다. 연수생 얼굴은 쳐다보지도 못하고 머리를 숙이고 스크립트가 적혀 있는 종이만 쳐다보면서 강의를 하는 나의 모습이 연수생들에게 성의 없이 보였을 것이다. 지금 생각하면 연수생들에게 미안한 마음이 든다.

부족한 나에게 외국인 첫 강의 기회를 주었던 그 직원이 2016년 센터에서 첫 발령을 받아 캄보디아 현지연수를 이끌어주던 바로 그 직원이다.

◆ 나와 보는 시각이 다르다

2012년 모로코 연수에서 있었던 일이다. 강의 내용 중 1인당 수자원 강수량을 기준으로 우리나라는 물 부족 국가라는 표현이 있었다. 연수생이 손을 들더니 한국이 논 농업을 하고 있으므로 물 부족 국가가 아니라는 것이다. 사막이 있는 북아프리카 국가에서 온 연수생의 눈에 산림이 우거지고 논에는 물을 가두어 쌀 농업을 하고 있는 우리나라는 물이 차고 넘치는 나라로 보인 것이다.

이때 이후로 강의를 하면서 한국을 물 부족 국가라는 표현을 하지 않고 있다. 우리의 시각에서 단순히 교과서적인 정보가 아니라 글로벌 시각으로 다른 국가들의 상황을 고려할 수 있어야 한다는 것을 깨달았다. 잘사는 한국에서 사는 내가 "한국은 먹고살기 힘들다"라고 하면 개도국에서 온 분들의 시각에서는 "배부른 소리를 한다"고 볼 수밖에 없다.

◆ 내가 강의할 자격이 있는가?

강의라는 것이 지식을 전달하는 것이므로 연수생들이 지식이 부족하다는 전제를 가지게 되고 강사로서 우월하다는 의식을 갖게 되기도 한다. 그러나, 연수생 지원서의 학력란을 보면 선진국에서 유학하신 분들이 많이 있다. 과거 우리나라도 해외로부터 장학금을 받아서 많은 학생이 유학을 갔다. 연수생들이 개도국에 산다고 하여 지식수준이 우리보다 낮다고 볼 수 없는 것이다. 내가 이분들보다 많이 배우거나 지식수준이 높지 않은데 강의할 자격이 있는가? 강사로서 매번 고민한다.

따라서, 강의내용에 수학 공식 같은 이론적인 내용을 넣지 않으려 한다. 그분들도 이미 대학에서 다 배운 것이고 이론은 교과서에 다 들어 있기 때문이다. 대신, 우리나라의 발전 경험, 정책과 개발사업의 사례들을 많이 담으려고 노력한다. 이론적인 것보다 한국은 어떻게 적용하고 실행했느냐, 어떻게 성공했느냐가 더 중요하기 때문이다.

◆ 나에게는 마스터키가 없다

우리나라의 기술 수준은 세계 최고이다. 그래서 어떤 강사님들은 우리의 최첨단 기술을 자랑하고 싶어 한다. AI를 이용하고 드론을 이용하고 인공위성을 이용하는 모습을 보여준다. 연수생들은 놀라워할 것이다. 그러나 과연 개도국에서 그것을 따라서 적용을 할 수 있느냐는 별개의 문제이다. 선진국에서는 이런 정도 수준의 기술을 가지고 있다고 알려주는 정도일 뿐 너무 먼 미래의 일이기 때문이다.

강의는 "이런 것 없지"라며 자랑하는 것이 아니며, "왜 이런 거 안 해"라며 탓하는 것이 되어서도 안 된다. 우리가 한다고 해서 다 옳은 것이 될 수 없고 개도국에서 하지 않거나 못 하는 이유가 있는 것이다. 국가마다 경제적·사회적·문화적·자연환경적인 상황에 맞게 적용해야 하기 때문이다.

그래서, 나는 강의를 시작할 때 우리나라의 앞선 경험을 이야기하지만, 이것이 다 옳은 것도 아니고 이것이 개도국의 문제를 해결할 수 있는 마스터키도 아니라는 것을 이야기한다. 연수생 스스로가 강의내용 중 개도국에 적용할 수 있는 좋은 아이디어를 찾기를 바란다고 이야기한다. 낮고 겸손한 마음으로 강의를 하는 것이 좋다.

강의를 하다 보면 우리나라에서 잘한 것만 넣게 된다. 실패사례를 강의하는 경우는 거의 없다. 그러나 우리나라도 많은 실패사례가 있었고, 개도국 입장에서는 같은 실패를 반복하지 않기 위해서는 우리나라가 경험한 실패사례도 도움이 될 수 있다. 이왕이면 실패를 어떻게 극복했는지 보여주면 더 좋을 것이다.

◆ 급하면 체한다

최근 다른 연수 과정의 제목을 보면 '스마트', 'IT 기반'이라는 단어가 눈에 많이 띈다. '기후변화'라는 단어가 유행하는 것과 같다. 아무래도 한국이 IT 강국이고, 많은 SOC 분야에 '스마트'를 접목했기 때문에 한국의 사례를 배우고 싶어 한다. 전 세계가 '스마트' 경쟁을 벌이니 개도국들도 '스마트'를 원한다. 그리고 당장 IT 장비를 도입하면 '스마트'하게 변화될 것이라 기대를 하는 것 같다. 정말 그렇게 될까?

전공 분야가 농업 수자원 분야이다 보니, 스마트 물관리에 대한 관심도에 맞춰 강의를 준비한다. 공사의 스마트 물관리 시스템에 대한 소개를 많이 한다. 그러나, 농업 수자원의 효율적 이용과 자연재해 대처를 위해 자동으로 계측하고, 제어하고, 정보시스템을 구축하는 것이 앞으로 나아가야 할 방향인 것은 맞다. 그러나, 개도국의 상황에 맞게 단계적으로 접근해야 한다고 이야기를 한다.

아직 많은 개도국에는 농업 수자원을 안정적으로 공급할 수 있는 시설구축이 미흡한 실정이다. 수자원시설이 없는데 스마트 시스템을 도입할 수는 없는 것이다. 아무리 하이패스(자동 요금계산) 시스템이 좋다고 하더라도 도로를 포장하는 것이 우선되어야지 비포장도로에 하이패스 시스템을 다는 것은 의미가 없기 때문이다.

전 세계의 발전 속도가 빨라서 선진국들은 친환경, 기후변화대응, 스마트기술 등을 도입하고 있지만, 개도국에서 이를 따라가려고 하니 버거울 수밖에 없다. 아직도 인프라가 부족한데 친환경적 개발도 해야 할 것 같고, 기후변화에 대응도 해야 할 것 같고, 스마트기술도 도입해야 할 것 같은 부담감, 조급증이 생기는 것이다. 우선순위를 어디에 둬야 할지 혼란스러울 수 있지만, 맹목적으로 따라가려고만 하지 말고 개도국의 경제 사회적 여건에 맞는지 고민을 해야 한다고 강조한다. 너무 급하게 하려고 하면 체할 수 있기 때문이다. 강의할 때 이러한 개도국의 상황을 고려하여 눈높이와 발전 속도에 맞게 강의를 하도록 노력한다.

◆ 내 말이 맞잖아

2023년 세네갈 농기계 연수에서 강의를 요청받았다. 한국의 농업 인프라 구축에 대해 강의를 하였고 농업의 기계화를 위해서는 농지정비(경지정리)와 농로 건설 등 인프라가 먼저 구축되어야 한다고 강조를 하였다. 강의가 끝난 뒤 연수생 중 농업 인프라를 담당하는 부서의 관계자가 농기계 보급을 담당하는 부서의 관계자에게 "내 말이 맞잖아. 강사님도 그렇게 말하잖아"라고 하는 게 아닌가. 연수 종료 후 귀국하여 장관을 만나서 이 부분을 설명하겠다고 하였다. 그동안 두 부서 간의 의견이 달랐던 모양이다.

순간, 나의 짧은 강의내용으로 한 국가의 농업정책에 영향을 줄 수 있겠다는 걸 느꼈다. 실제 그 연수생이 장관을 만났는지, 그것을 통해 정책 방향에 변화가 있었는지 확인할 수는 없지만, 나의 강의내용이 그 나라의 정책에 영향력을 줄 수 있다는 사실이 굉장히 부담스럽기도 하였다. 한국의 경험에 비추어 의견을 제시한 것은 맞지만, 바로 "강사님 말대로 그렇게 하겠습니다"라고, 결론을 내려버리니 당황스럽고 책임감이 느껴졌다. 강의할 때 좀 더 신중하게 해야겠다고 느끼게 되었다.

◆ 강의하러 와 주세요

강의를 통해 나의 경험과 생각을 공유할 수 있는 것은 좋은 경험이라고 생각한다. 어떤 이야기를 할까 고민도 하고, 연수 과정의 목적이나 요청받는 주제에 맞도록 내용을 추가하거나 변경하기도 한다. 다행히 연수생들이 나의 강의에 만족하고 강의 평가 결과가 좋았다고 담당자에게 이야기를 들으면 큰 보람을 느끼게 된다.

2022년 12월 라오스 국립대학교 교수님이 참석하는 연수 과정에서 강의를 하였다. 열심히 준비해서 강의를 하고 질의응답을 통해 궁금한 부분에 대하여 성실히 답변하였다. 덕분에 강의 평가가 좋았다고 전달을 받았다. 그리고 몇 달 후 연수기관 담당자에게서 연락이 왔다. 2023년에 라오스에서 현지연수를 개최할 예정인데, 2022년 연수에 참석했던 라오스 국립대학교 교수님이 나를 강사로 추천했다고 한다. 현지연수 강사로 섭외하겠다는 것이다. 그렇게 좋게 평가를 해 줘서 너무 고마웠고 업무 일정이 바쁘지만, 꼭 시간을 내서 가겠다고 답변을 하였다.

연수기관의 사정으로 라오스 현지연수가 시행되지 않았지만 큰 보람을 느끼게 해 주었다. 지금도 어느 곳에서 연락이 오든 최대한 강사로 참여하려고 한다. 나의 짧은 경험과 지식이지만 함께 나누는 것이 즐겁고 보람된 일이기 때문이다.

2023년 캄보디아 초청연수 강의

마무리하며

연수 전문가를 위한 책을 쓰겠다고 생각한 지 거의 2년이 지나서야 책이 마무리되었다. 책을 쓰면서 연수란 무엇이고, 연수 담당자는 어떤 역할을 해야 하는지 평소 막연하게 생각했던 것에 대하여 심도 있게 고민하고 체계적으로 정리할 수 있는 귀중한 시간이었다. 한편, 나의 부족함을 깨닫는 시간이었다. 책에 쓰인 것처럼, 그렇게 잘 알면서, 왜 좀 더 잘하지 못했나 하는 반성이 되기도 하였다.

연수는 지식을 전수하는 일이지만 연수업무는 노동집약적이다. 정신적 · 육체적인 에너지 소비가 많다. 연수를 준비하는 과정뿐만 아니라 연수가 시작되는 날부터 출국하는 날까지 밤낮으로 연수생의 모든 것을 돌봐줘야 하기 때문이다.

연수 과정 준비부터 진행과 사후관리까지 전체적인 흐름과 단계별로 해야 하는 일들, 주의해야 할 점들을 정리할 수 있었다. 단순히 형식적인 업무 절차를 나열하는 데 그치지 않고 그동안 담당했던 연수 과정의 경험을 바탕으로 연수 전문가가 되는 데 필요한 정보들을 담고자 했다. 실제 경험해 보지 않고는 알 수 없는 살아 있는 정보이다.

연수생을 한국에서 만나든, 현지에서 만나든, 온라인에서 만나든 연수를 통해 세계를 만나고 배울 수 있는 기회를 얻었다. 그 나라의 역사, 문화, 자연환경을 이해하고 그분들과 소통하는 시간이었다. 책을 쓰면서 너무나 소중한 시간이었다는 것을 다시금 느끼게 된다.

연수생들에게 연수 담당자가 '처음 만나는 한국인'일 수도 있다. 연수 담당자가 어떻게 하느냐에 따라 그분들이 한국에 대한 이미지를 가질 수 있다. 연수 담당자의 역할이 중요하다. "교육의 질은 교사의 질을 뛰어넘지 못한다"라는 말처럼, 연수의 질은 연수 담당자의 질을 뛰어넘지 못한다. 연수의 성과를 높이려면 연수 담당자가 전문가가 되도록 노력해야 하고 전문가가 되어야 한다. 이것은 연수생을 잘 먹이고 잘 재우는 것만으로 해결되지 않는다. 해당 분야의 전문지식뿐만 아니라, ODA에 대한 이해, 글로벌 마인드까지 전문가로서의 소양을 가져야 한다. 이 책이 연수 담당자가 아니라 연수 전문가로 발전하는 데 도움이 되기를 바란다.

많은 개도국에서 한국의 경험과 노하우를 배우고자 하는 수요가 높고 정부에서도 ODA 사업을 확대해 나갈 계획이기 때문에 ODA 연수도 늘어날 것이다. 따라서, 연수 전문가도 많이 필요할 것이다. 연수를 시행하는 연수기관과 연수 담당자뿐만 아니라, 앞으로 연수를 해 보고자 하는 분들에게 꼭 필요한 책이 되었으면 좋겠다.

인생에서 책을 쓴다는 것은 매우 의미 있는 일이다. 특히, 직장에서의 업무적인 경험을 바탕으로 책을 쓴다는 것은 쉽지 않은 일이다. 공사에서 7년 동안 연수 담당자로서의 경험을 바탕으로 책을 쓸 수 있는 기회를 얻은 것만으로도 너무 감사한 일이다.

공사에서 연수 담당자로 일하면서 많은 분들이 함께해 주었다. 센터에서 동료로 같이 일했던 분들, 공사 내에서 강의를 해 주고, 현장 견학지에서 안내를 맡아 주었던 많은 분께 감사를 드린다. 센터에서 너무나 좋은 직장 선후배님들을 만났다. 이분들이 함께해 주지 않았다면 연수 담당자로서 역할을 다할 수 없었을 것이다.

연수와 관련된 많은 외부 관계자들이 있다. 코이카(본부, 지역사무소), 코웍스 등에서 함께해 주었던 관계자들이 있었고 통·번역사, 가이드, 영상업체 등 연수를 지원해 주었던 분들이 있었고, 바쁜 현업이 있으셨을 텐데 강사로 참여하고 견학지를 안내해 준 외부 전문가분들이 있으셨다. 훌륭한 연수가 될 수 있도록 함께해 주신 분들의 고마움을 잊을 수 없다.

지금까지 많은 연수를 하면서 힘들 때도 있었지만, 작은 것 하나에도 감사하다고 표현하고 즐거움과 보람을 느끼게 해 준 모든 연수생분들에게 감사를 드린다. 지금도 잊지 않고 SNS로 안부 인사를 보내고 한국에 오면 연락을 해 준 분들도 있다. 연수생들의 환한 미소가 이 일을 지금까지 즐겁고 보람 있게 할 수 있게 해 준 힘이자 원동력이다.

국제무대에서 활동할 수 있도록 성장시켜 주신 김태철 교수님, 책을 쓰도록 동기 부여를 해주신 김선호 박사님, 공사 박태선 기반사업이사님, 인재개발원 신홍섭 원장님, 전임 원장님(최병윤, 한기진, 김병찬, 박배륜)과 센터에서 연수업무를 할 수 있도록 길을 열어 주신 최호진 센터장님, 여운식 전 센터장님, 센터에서 함께 수고해 준 동료들(심성희, 정대성, 서양종, 김선영, 윤미현, 인미화, 심정연, 안소연, 장진욱), 센터 안과 밖에서 격려해 주신 공사 선배님들(어대수, 윤창진, 이난희, 오창조, 김용진, 김광용, 박영욱, 임상봉, 임경안, 안성수, 김종성, 박재근, 고광돈, 김동인, 엄명철, 장정렬, 송현구, 김영득, 김명원, 이종서, 손주형, 허건, 김정석, 권병해)과 후배님들(이승원, 허남주, 김춘진, 김경묵, 서동욱, 박명수, 박현준), 그리고 농촌용수 국제협력업무를 시작으로 지금까지 응원해 주신 농식품부 김성률 사무관님과 최경숙 교수님, 최진용 교수님, 믿고 맡겨주셨던 농식품부 이재천 과장님, 전임 과장님들(한준희, 박종훈, 박재수, 김춘기)께 감사드린다. 특히, 이승원 · 심성희 박사 부부는 이 책이 나오기까지 좋은 의견과 아낌없는 지지를 보내주었다. 성공적인 연수가 되도록 통 · 번역(황미혜, 허수진, 김효탁, 이유숙, 김

지홍, 장경미), **가이드**(윤혜민, 서혜영, 김수현), **강의 촬영**(이일호, 조정만)으로 함께 해주셨던 분들과 외부에서 성원해 주신 분들(박주영, 김근영, 성숙경, 심은종, 김혜윤, 조재필, Aanu Afolabi)께 감사드린다. 이외에도 감사한 분들 이 많지만 다 언급하지 못한 것에 죄송한 마음을 전한다.

마지막으로, 하늘에서 자랑스럽게 지켜보고 계실 부모님과 항상 옆에서 기도해 주시는 장인 · 장모님, 이모 · 이모부님 그리고 사랑하는 아내, 큰딸, 작은딸 우리 가족들에게 감사를 전한다.

참고문헌

한국국제협력단. 2016. 『국제개발협력(입문편)』.

한국국제협력단. 2019. 『글로벌연수사업 종합성과평가 및 우수사례 공모전』.

한국국제협력단. 2021. 『글로벌연수사업 우수사례집』.

한국국제협력단. 2023. 『글로벌연수사업 길라잡이(초청, 현지연수)』.

한국국제협력단. 2023. 『글로벌연수사업 길라잡이(온라인연수)』.

한국국제협력단. 2023. 『글로벌연수사업 성과관리 매뉴얼(단기연수)』.

국무조정실 국제개발협력위원회. 2023. 『23년 국제개발협력 종합시행계획(최종)』.

ODA통합누리집(www.odakorea.go.kr)

한국국제협력단 홈페이지(www.koica.go.kr)

국제개발협력
'ODA 연수' 전문가 되기

초판인쇄 2024년 5월 3일
초판발행 2024년 5월 3일

지은이 이성희
펴낸이 채종준
펴낸곳 한국학술정보(주)
주 소 경기도 파주시 회동길 230(문발동)
전 화 031-908-3181(대표)
팩 스 031-908-3189
홈페이지 http://ebook.kstudy.com
E-mail 출판사업부 publish@kstudy.com
등 록 제일산-115호(2000. 6. 19)

ISBN   979-11-7217-283-1 03300